KB156382

해남 우수영

부녀농요

해남 우수영 부녀농요

초판 1쇄 발행 2019년 12월 10일

지은이 이경엽 · 김혜정
펴낸이 홍종화

편집·디자인 오경희 · 조정화 · 오성현 · 신나래
김윤희 · 박선주 · 조윤주 · 최지혜
관리 박정대 · 최현수

펴낸곳 민속원
창업 홍기원
출판등록 제1990-000045호
주소 서울시 마포구 토정로 25길 41(대흥동 337-25)
전화 02) 804-3320, 805-3320, 806-3320代
팩스 02) 802-3346
이메일 minsok1@chollian.net,minsokwon@naver.com
홈페이지 www.minsokwon.com

ISBN 978-89-285-1377-2 93380

이 도서의 국립중앙도서관 출판시도서목록(CIP)은 서지정보유통지원시스템 홈페이지(http://seoji.nl.go.kr)와
국가자료공동목록시스템(http://www.nl.go.kr/kolisnet)에서 이용하실 수 있습니다.(CIP제어번호: 2019049373)

※ 책 값은 뒤표지에 있습니다.
※ 잘못된 책은 바꾸어 드립니다.

해남 우수영 부녀농요

이경엽 · 김혜정

부녀농요는 이름 그대로 여자들이 들일을 하면서 부르는 민요다. 그 구성을 보면 ①들에 나가면서 부르는 길꼬내기 ②김매는소리 ③보리타작소리 ④방애타령 ⑤둥덩에타령 ⑥마을로 돌아오면서 부르는 길꼬내기 등으로 이루어져 있다. 여성들이 밭에서 하는 일과 그 전후의 과정들이 절차화돼 있음을 알 수 있다. 그리고 일노래만이 아니라 놀 때 부르는 노래들도 두루 포함돼 있음을 볼 수 있다. 이것을 보면 해남부녀농요는 우수영 여성들의 일과 놀이를 포괄하는 민요라고 할 수 있다.

민속원

머리말

해남 부녀농요는 전라남도 해남군 문내면 우수영에서 전승되는 민요다. 역사적 내력이 남다른 곳에서 색다른 무형문화유산이 전승되고 있어서 관심을 모은다. 부녀농요는 이름 그대로 여자들이 들일을 하면서 부르는 민요다. 그 구성을 보면 ①들에 나가면서 부르는 길꼬내기 ②김매는소리 ③보리타작소리 ④방애타령 ⑤둥덩에타령 ⑥마을로 돌아오면서 부르는 길꼬내기 등으로 이루어져 있다. 여성들이 밭에서 하는 일과 그 전후의 과정들이 절차화돼 있음을 알 수 있다. 그리고 일노래만이 아니라 놀 때 부르는 노래들도 두루 포함돼 있음을 볼 수 있다. 이것을 보면 해남 부녀농요는 우수영 여성들의 일과 놀이를 포괄하는 민요라고 할 수 있다.

해남 부녀농요는 1972년에 열린 제13회 전국민속예술경연대회(대전)에서 국무총리상을 수상했으며 1987년에 전라남도 무형문화재 제20호로 지정되었다. 비교적 이른 시기에 명성을 얻었음을 알 수 있다. 하지만 제대로 기록화가 안 돼 있어서 소수의 민요 보고서 이외에는 참고할 자료가 거의 없다. 연구도 미흡해서 부녀농요를 다룬 논문을 찾을 수 없고 관련되는 글을 접하기 어렵다. 이런 이유 때문인지 부녀농요가 잘못 소개되는 경우도 있다. 가장 권위있는 사전으로 평가되는 『한국민족문화대백과사전』에서 부녀농요에 대해 부정확하게 설명하고 있는 것을 보면 그 심각성을 실감하게 된다. 사전을 보면 "(우수영은) 예로부터 수군의 주요 기지였고 남자들은 대개 바다에 나갔기 때문에 농사는 여자들 몫이었다."고 해서 부녀농요의 존재를 남자들의 부재와 관련해서 설명하고 있다. 그러나 우수영에 남자들의 들소리가 전승되고 있으므로 맞지 않는 애기다. 우수영 또는 바닷가 마을의 전통에 대한 막연한 언급만 있을 뿐 부녀농요를 온전하게 설명하지 못하고 있다고 할 수 있다. 부녀농요 연구가 필요하다는 것을 말해준다.

이 책은 해남 부녀농요를 기록하는 데 초점을 두고 집필되었다. 이를 위해 전승자들의 기억과 경험을 구술 채록하고 연행과정 전반을 촬영하고 녹취했다. 부녀농요는 1970년대 초에 민속경연대회에 나가면서 지금의 형태를 갖춘 것이고, '농요'라는 이름을 갖고 있지만 들에서 떠난 지 오래되었으므로 예전의 모습을 제대로 파악하기 어려운 상태다. 이런 상황이므로 전승자들이 기억하고 공유하는 내용을 토대로 재현하게 했으며 그 과정에 연구자가 개입하지 않고 진행 내용을 정리하는 데 집중하였다. 이 과정을 거쳐 부녀농요의 전승내력과 배경을 살피고 가사와 음악을 상세히 기록하였다. 또한 어떤 일을 하면서 노래를 부른 것인지, 기존 전승 민요들이 '부녀농요'라는 종목으로 묶이면서 어떻게 재구성된 것인지, 부녀농요의 음악적 특징이 무엇인지 검토하였다. 그리고 이번에 촬영한 자료 이외에 확보 가능한 모든 자료를 집성했다. 부록에 그 자료들을 첨부하였다.

이 책이 나오기까지 많은 분들께서 도움을 주셨다. 부녀농요 보유자인 이인자 선생님을 비롯해 보존회원 여러분들의 노고가 있어서 이 일이 가능했다는 점을 밝히고 싶다. 또한 해남군청 양혜진 학예사의 알뜰한 지원이 큰 힘이 되었다. 그리고 작업을 총괄해준 ㈜디오어소시에이츠의 직원들께도 감사의 말씀을 드린다.
이 책이 해남 부녀농요의 매력을 알리고 새로운 관심과 연구를 촉발하는 계기가 되기를 기대한다.

2019.11.25. 저자 일동

차례

1장

우수영 부녀농요의 전승내력

1장

우수영 부녀농요의 전승내력

1. 우수영 부녀농요의 전승배경

1) 우수영 부녀농요란?

우수영 부녀농요(전라남도 무형문화재 제20호)는 이름 그대로 해남 우수영에서 전승되는 여성들의 농요다. 어촌 지역에 여성 농요가 잘 전승되고 있다는 점이 우선 눈길을 끈다. 부녀농요의 배경과 관련해서 『한국민족문화대백과사전』를 보면 "우수영은 진도대교 입구에 있는 마을로 예로부터 수군의 주요기지였으며, 남자들은 대개 바다에 나갔기 때문에 농사는 여자들 몫이었다."[1]라고 설명하고 있다.

하지만 이는 사실과 다르다. 우수영이 수군기지였던 것은 맞지만 남자들이 바다에 나갔기 때문에 농사를 여자들이 전담했다는 것은 맞지 않다. 우수영에 남자들의 들소리가 전승되고 있다는 사실을 떠올려 보면 위의 설명이 잘못됐다는 것을 금방 알 수 있다. 우수영에는 남자들이 전승해온 들소리가 있다. 전승이 약화된 탓에 한동안 잊혀졌지만 최근 발굴 · 복원된 자료를 보면 남자들이 논농사를

---

1 『한국민족문화백과대사전』(http://100.daum.net/encyclopedia/view/14XXE0039987)

우수영 부녀농요(길꼬내기)

지으며 부르던 들소리가 체계적이고 짜임새 있게 전승되고 있음을 확인할 수 있다.[2] 부녀농요와 남자 들소리가 공존하는 데서 보듯이, 우수영의 여자와 남자들은 서로 다른 일을 하면서 농요를 불렀다. 여자들은 밭일을 하면서 농요를 부르고, 남자들은 논농사를 지으며 농요를 불렀다. 물론 논농사와 밭농사가 별개로 이루어지지 않기 때문에 서로 넘나들면서 일을 했지만 각자 역점을 두고 하는 일이 달랐기 때문에 각기 서로 다른 농요가 전승될 수 있었던 것이다.

부녀농요는 여자들이 들일을 하며 부르는 노래다. 그 구성을 보면 ①김매는소리, ②보리타작소리, ③방아찧는소리, ④휴식시간에 부르는 둥덩에타령, ⑤귀가길의 길꼬내기, ⑥뒷풀이소리 등으로 이루어져 있다. 일노래만이 아니라 놀 때 부르는 노래들도 두루 포함돼 있다. 여성들이 밭에서 하는 일과 그 전후의 과정들이 절차화돼 있음을 알 수 있다. 이것을 보면 부녀농요는 우수영 여성들의 일

2 이경엽 · 변남주 · 김혜정, 『해남우수영들소리』, 민속원, 2018.

과 놀이를 포괄하는 민요라고 할 수 있다.

2) 부녀농요의 전승과정

우수영은 전라남도 해남군 문내면에 속하는 3개의 법정리(10개의 자연마을)를 통칭하는 이름이다. 즉, 선두리(선두, 남상, 남하), 서상리(서상, 서하, 서외), 동외리(동내, 동외, 동영, 남외)를 통칭해서 우수영이라고 부르고 있다.

우수영은 조선시대에 전라좌수영이 있던 어촌이지만 농업이 중요시돼온 지역이다. 농업 중에서도 밭농사의 비중이 큰 편이다. 마을 주변에 있는 논은 대부분 간석지를 막아 조성한 간척지다. 이 논들은 1914년 일제의 토지조사 문서에 이미 등장하는 것으로 보아 조선시대에 조성된 것이며, 수군진 운영의 필요 때문에 전라우수영 소속의 수군을 동원하여 만든 둔전屯田이었을 것으로 추정된다.[3] 이런

우수영 전경(1970년대, 지춘상 교수 소장자료)

---

3 이경엽 · 변남주 · 김혜정, 앞의 책, 11쪽.

간척지논 이외에는 야트막한 구릉지에 밭들이 널따랗게 펼쳐져 있다. 이런 까닭에 여자들이 담당하는 밭일이 많았고 자연스럽게 밭일과 관련된 일노래가 발달했다고 전한다. 동외리에 사는 최이순 옹에 의하면 자신의 어머니처럼 "노래를 잘하는 여자가 인기가 있었으며 어머니와 품앗이를 서로 하려고 했다."고 한다. 이런 점들이 부녀농요의 전승배경이 되었을 것으로 보인다.

부녀농요의 역사를 직접 보여주는 자료는 남아 있지 않다. 보존회에서는 우수영 부녀농요의 유래를 다음과 같이 설명하고 있다. 원문 그대로 소개한다.

우수영 부녀농요의 유래

부녀농요는 고대로부터 논이나 밭에서 일하며 부르는 농업노동요로서 우수영 일대에서 전승된 농업노동요이다.

원래 이 지역 옥매산과 일성산 사이에 펼쳐있는 평야지대의 농경지는 답보다는 전이 많아 예전에서부터 이곳의 아낙들은 밭 농사일을 쉼없이 많이 해오고 있었다.

이 지역은 기후가 온후하고 토질이 비옥하여 옛선조들은 일찍이 이 곳에 정착하여 생활하여 왔으므로 농경사회에서 이웃과 어우러져 농사일을 하면서 노래부르며 춤추면서 삶의 애환과 피로를 달래온 노래이다.

특히 조선시대에는 이 지역이 삼도수군통제사가 통제하여 오던 군사적 전략지이며 일천호가 되는 집단 거주지였으므로, 많은 노동력과 아낙네들이 힘겨운 일들을 하면서도 농업노동요를 평소 즐겨하여 놀이가 활성화되면서 이 지역 대표적인 농요 놀이로 성장하게 되었다.

우수영 부녀농요는 지춘상 전남대 명예교수께서 발굴하여 심혈을 기울여 지도한 50여명으로 구성하여 1972년 제13회 (대전)한국민속예술축제 경선에서 영예의 국무총리상을 받게 되어 도지정무형문화재 제20호로 지정을 받게 되어 지금까지 보유자 이인자와 후보자 최순화와 장학생 조성란 포함하여 60명의 회원을 보유하고 있다.

매년 활동사항으로는 해남의 대표축제인 명량대첩축제 시연행사를 비롯하여 년 2-3회 시연을 보여주고 있으며 문화유산의 계승을 위하여 자체 전수관을 보유하고 있으며, 월 3회 이상 회원중심의 전수교육을 실시하고 있다.

(사)해남우수영강강술래보존회(http://www.ggsr.kr/)

보존회에서는 고대의 농경활동으로부터 부녀농요의 유래를 찾고 있다. 하지만 막연하게 소급하기보다는 긴 기간 적층돼온 노래가 부녀농요 안에 포함된 것으로 볼 수 있을 것 같다. '우수영 부녀농요'라는 종목 이름은 근래에 생긴 것이다. 하지만 거기에 포함된 개별 노래들은 긴 기간 여러 형태로 폭넓게 불려졌다고 할 수 있다. 일노래만이 아니라 명절이나 여가 중에 놀면서 부르던 노래들이 포함돼 있는 데서 보듯이 여러 상황에서 다양하게 연행되었다. 그러다가 1970년대 초에 민속경연대회에 나가면서 '부녀농요'라는 이름으로 지금의 모습을 갖추게 되었다.

부녀농요는 제13회 전국민속예술경연대회(1972년, 대전)에서 국무총리상을 수상했으며 1987년에 전라남도 무형문화재 제20호로 지정되었다.

(1) 제13회 전국민속예술경연대회 당시 신문기사

전국민속경연 프로그램 내용

우수영 부녀농요(전남, 출연인원 46명, 소요시간 30분)

우수영 지방에는 밭일 하면서 부르는 부녀자의 노동요가 많이 전하고 있다. 이번에 불려지는 길노래, 들노래(김매는소리), 돌개노래(타작소리), 방아타령, 둥덩에타령의 다섯 노래는 향토색이 짙은 노래다. 둥덩에타령은 강강수월래처럼 빙빙 원무하면서 부르는 구성진 노래이다.(매일경제 1972.10.20.)

1972年10月20日

民族의 얼·가락 普及에 큰 구실

모두 24개팀 1천3백餘名出演

全國 民俗競演 프로그램 내용

제13회 전국경연대회에 출연 〈새로 선보일 민속〉

우수영 부녀농요(전남 민요)

우수영에서 밭일을 하면서 부르는 부녀자의 노동요. 이번에「길노래」「돌개노래」「방아타령」「둥덩에타령」「들노래」등 향토색 짙은 노래들이 불려진다.(경향신문 1972.10.19.)

제13회 全國競演大會에 출연

새로선보일 民俗

咸北 홍해용놀이 異彩

統營5廣大…五方神將탈매고 逐鬼

黃海민요도 4篇 등장

제13회 전국민속예술경연대회 국무총리상 우수영 부녀농요(동아일보1972.10.23.)

1972年10月23日 月曜日 (陰曆 9月17日 정해) 東亞

국무총리상

우수영 부녀농〈전남〉날로 해변가에서 전작을 담당하고 있는 부녀자들의 노동요가 도리깨질소리와함께 구성지다.

제13회 전국민속예술경연대회 국무총리상 우수영 부녀농요(경향신문1972.10.23.)

국무총리상 右水營부녀農謠 전남지방에서 밭일을하며 부녀자들이부르는 향토색짙은농요. 40~50대부녀자들이출연. 밭일의과정 즉김매는소리, 타작소리등 다섯노래로구성됐다.【全南 농요】

(2) 「우수영 부녀농요」 조사보고서(지춘상, 《'87도지정문화재조사보고서》(II), 전라남도, 1987)[4]

우리 전남은 비옥한 농토와 온화한 기후로 말미암아 일찍부터 농경생활이 발달한 고장이다 때문에 농사에 관련된 많은 민속과 일을 하면서 부르는 농요가 무척 많이 전승되고 있다.

농요는 농민들이 노동의 피로를 덜고 노동력을 제고시키기 위해서 창출해낸 마음의 노래로서 이 속에는 삶의 희노애락이 스며 깃들어 있는 귀중한 문화유산이다. 그러나 근래 농경의식의 변화로 말미암아서 이같은 농요가 그 자취를 감추고 있음은 무척 안타까운 일이다.

해남 「우수영 부녀농요」는 부녀자들이 농사일을 하면서 부르는 민요다 그 종류는 밭을 맬 때 부르는 〈밭매기 노래〉, 도리깨로 보리타작을 하면서 부르는 〈보리타작 노래〉, 방아를 찧으면서 부르는 〈방아타령〉, 일을 하다 쉴 때 부르는 〈둥덩이타령〉, 일을 마치고 집으로 돌아오면서 부르는 〈길꼬냉이〉, 하루의 일을 끝내고 마을에 돌아와 놀면서 부르는 〈뒷풀이〉 등이다.

---

4 지춘상 교수가 작성한 조사보고서를 통해 무형문화재 지정 경위를 파악할 수 있다. 김희태(전라남도 문화재위원) 선생이 제공했음을 밝힌다.

노랫가락은 중모리 중중모리로 불리어지나 무척 흥겨웁고 노래말 또한 순수한 마음의 노래다. 그래서 1972년 대전에서 개최된 제13회 전국민속예술경연대회에 전남대표로 참가, 노래의 우수성이 높이 평가되어 영예의 국무총리상을 수상한 바 있고, 수차에 걸쳐 서울에서 초청 공연한 바가 있다.

기능보유자인 박양애는 노래 고장인 우수영에서 낳고 자라고, 현재도 살고 있는 소리꾼으로서 어려서부터 민요를 익혀 1972년 제13회 전국민속예술경연대회에 출연한「우수영 부녀농요」의 설소리를 맡았다. 또 1975년 서울에서 개최된 제16회 전국민속예술경연대회에서 국무총리상을 수상한「해남강강술래놀이」의 설소리와 1976년 진주에서 개최된 제17회 전국민속예술경연대회에서 영예의 대통령상을 수상한「해남 강강술래」의 설소리를 맡은 바 있다. 목청이 좋은데다 기억력이 뛰어나 해남과 진도에 전승되고 있는 민요는 모두 부를 수가 있는 천성적인 소리꾼이다.

이인자는 박양애와 더불어「부녀농요」,「강강술래」에 출연하여 그 뒷소리를 맡았다. 목소리가 곱고 기억력이 좋아 어느 것이나 설소리와 뒷소리를 맡을 수가 있다.

조사자의 의견

전남지방의 농요가 인멸단계에 놓여 있고, 특히 부녀농요는 거의 자취를 감추어 거의 찾아보기가 힘든데 해남 우수영에서만이 부녀농요가 옛가락 그대로 전승되고 있다는 것은 무척 다행한 일이라고 아니 할 수가 없다. 이 농요가 무관심 속에서 사라지기 전에 도지정 무형문화재로 지정하여 그 보존과 계승의 활로를 터주어야 할 것이다.

기능보유자 인적사항

박양애　　본적 : 전남 해남군 문내면 석교리 18
　　　　　주소 : 전남 해남군 문내면 동외리 1102

이인자　　본적 : 전남 해남군 문내면 선두리 505
　　　　　주소 : 전남 해남군 문내면 선두리 505

우수영 부녀농요는 강강술래와 함께 보존·전승되고 있다. (사)해남우수영강강술래진흥보존회 안에 강강술래와 부녀농요가 양립하는 체계로 돼 있다. 둘 다 여성민요이고 같은 지역에서 활동이 겹치기 때문에 서로 넘나들면서 해왔다고 할 수 있다. 그러나 종목이 다르므로 전수교육과 공연활동 등을 할 때에는 별개로 하고 있다. 부녀농요 예능보유자는 이인자이며 전수조교는 최순화다.

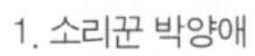

1. 소리꾼 박양애
2. 우수영의 소리꾼들(이인자, 정순엽, 차영순, 최순화, 박양애 - 우부터) 2003년 이인자 예능보유자 지정 심사
3. 우수영의 소리꾼들(박양애, 최순화, 차영순-좌부터) 2003년 이인자 예능보유자 지정 심사
4. 우수영의 소리꾼들(박양애, 최순화, 정순엽, 이인자 - 좌부터) 2009 최순화 전수조교 지정 심사

3) 예능보유자

부녀농요가 제13회 전국민속예술경연대회(1972년)에 나갈 당시 46명이 참여했으며 앞소리는 박양애(1935~2018), 뒷소리는 김길임(1927~1999), 김동심, 이인자가 맡았다. 그리고 1987년에 무형문화재 제20호 우수영 부녀농요 예능보유자로 박양애가 지정되었다. 당시 뒷소리를 했던 김길임은 강강술래 예능보유자였다. 박양애는 부녀농요 보유자로 활동하다가 2000년에 김길임이 작고한 뒤 강강술래 보유자로 이동했으며, 그 뒤를 이어 이인자가 부녀농요의 예능보유자로 지정되었다.

○ 이인자(여, 1944~)

이인자는 해남군 황산면에서 9대째 음악을 해온 예인 가계 출신의 소리꾼이다. 이씨 가계에서는 명인명창들이 많이 배출되었다. 부친 이원술은 유명한 고인이었으며, 판소리 명창 이임례(광주시 무형문화재 제14호)가 5촌 고모이며 아쟁연주자

이인자(2003년 예능보유자 지정 심사 당시)

이태백이 6촌 동생이다. 또한 해남씻김굿 명인 이수자가 친동생이며 판소리 명창 임현빈이 조카이고, 명창 이난초가 4촌 동생이다.

이인자는 어린 시절부터 아버지를 통해 많은 예능을 접했다. 아버지 이원술은 피리와 젓대에 능했으며 예능에 두루 밝은 고인이었다. 농악대 상쇠로도 이름을 날려 목포나 진도 등지로 불려다니며 걸궁을 쳤다고 한다. 여러 악기를 다룰 줄 아는 '가진고인'이었고 목수로 치면 '대목'이라고 평가받았다고 한다. 이런 아버지가 어린 이인자에게 살풀이와 학춤 등을 전수했으며 강강술래 사설을 알려주기도 했다. 이인자가 노래와 춤, 악기 연주 등에 능한 것은 어린 시절부터 아버지를 통해 익혔던 예능 덕분이라고 할 수 있다.

이인자는 22세에 우수영의 김씨 집안으로 시집을 와서 심성 고운 남편 김남하와 농사를 지으며 살았다. 26세에 큰 아들, 29세에 둘째 아들, 31세에 딸을 낳았다. 결혼 직후에는 시어머니의 반대로 바깥 활동을 자유로이 할 수 없었으나 강강술래를 하고 노래하는 것을 좋아했기 때문에 자연스럽게 합류하게 되었다.

이인자가 본격적으로 강강술래와 부녀농요 활동에 참여한 것은 20대 후반부터였다. 1972년에 열린 제13회 전국민속예술경연대회에서 부녀농요 뒷소리를 맡아서 했다. 또한 강강술래가 국무총리상과 대통령상을 수상했던 전국민속예술경연대회(1975년 제16회, 1976년 제17회)에서는 강강술래 소리를 메기고 받았다. 그리고 뿌리깊은나무에서 발간한 〈해남강강술래〉 (1994년) 음반 녹음시에는 김길임, 박양애와 함께 돌아가면서 앞소리를 메겼다.

위에서 보듯이 이인자는 우수영의 다른 예인들처럼 강강술래와 부녀농요 활동을 같이 해왔다. 그래서 국가무형문화재 제8호 강강술래의 이수자와 전수조교가 되었다. 강강술래와 부녀농요 두 종목의 전수활동을 넘나들면서 해온 보존회의 전승체계에 따른 것이었다. 그러다가 강강술래 예능보유자인 김길임이 작고한 뒤 부녀농요 예능보유자였던 박양애가 강강술래 보유자로 이동하면서 이인자가 부녀농요 보유자가 되었다.

2. 우수영 여성들의 일과 노래

1) 농요와 일의 관계

농요는 농사를 지을 때 부르는 노래다. 들소리 또는 들노래라고도 한다. 농요는 논농사노래와 밭농사노래로 구분된다. 우수영에서는 두 가지가 다 전승되고 있다. 하나는 부녀농요이고 다른 하나는 남자들이 부르는 농요다. 부녀농요는 밭농사와 관련이 있고 남자들의 들소리는 논농사 과정에서 불리던 것이다. 두 가지가 같은 지역에서 함께 전승되고 있다는 점이 특별하다.

지역에 따라 노동력의 성별 구분이 명확한 경우가 있으나 우수영에서는 여자들이 논농사에 참여하기도 했으므로 여자들이 모심는소리를 부르기도 했다. 하지만 논농사의 전 과정을 남자들이 주도하기 때문에 그 노래도 남자들이 주로 전승해왔다. 그리고 밭농사노래는 여자들이 전승해왔다.

일반적으로 논농사노래가 밭농사노래에 비해 체계적이고 짜임새가 있다. 논농사노래의 경우 모찌기 - 모심기 - 논매기 등의 재배 과정에서 각기 다른 노래들이 불린다. 하지만 밭농사노래는 작물의 재배 과정에 따라 노래가 고정되지 않는다. 그 때문에 상대적으로 종류가 많지 않다.

〈표 1〉 우수영의 농요와 일의 관계

구분		과정 또는 작물	들소리
부녀농요	밭일	보리	김매는소리, 보리타작소리
		서숙	김매는소리
		목화	김매는소리
		고구마	–
	이동 및 뒤풀이	길꼬내기, 방애놀이[5], 둥덩에타령	

5 공연 과정에서는 방아 찧는 과정을 재현한다. 방아타령이라는 노래 제목에서 방아 찧는 일을 연상해서 작업 과정처럼 놀이화 한 것으로 보인다. 하지만 실제 방아를 찧는 과정에서 그 노래를 불렀던 것은 아니므로 일과 연관된 것으로 볼 수는 없을 것 같다.

<table>
<tr><td rowspan="5">남자
들소리</td><td rowspan="5">논농사</td><td>논갈이</td><td>-</td></tr>
<tr><td>모판 만들기</td><td>모뜨는소리(먼데소리)</td></tr>
<tr><td>모심기</td><td>모심는소리(상사소리, 잦은상사소리)</td></tr>
<tr><td>논매기</td><td>논매는소리
(세우자소리, 긴절로소리, 자진절로소리, 방아타령, 길꼬내기)</td></tr>
<tr><td>수확</td><td>(보리타작소리)</td></tr>
</table>

우수영 남자들소리의 연행 모습

2) 밭농사의 종류

부녀농요의 전승배경을 알아보기 위해 여성들이 주로 담당했던 밭일에 대해 살펴볼 필요가 있다. 주민들의 구술을 통해 밭농사 과정을 파악했다.[제보자 : 이인자(여, 1944~), 박주방(남, 1939~)]

우수영에서는 20세기 중반, 1970년대까지도 밭에서 보리, 서숙(조), 미영(목화), 감자(고구마를 감자라고 불렀음) 등을 주로 재배했다. 이 작물들을 계절별로 교차했는데, 주된 것은 서숙과 보리였다. 가을에 서숙을 추수하고 나서 보리를 갈았다. 서숙은 보리를 수확한 뒤 여름에 갈았다. 그리고 미영은 보리를 수확하기 전에 고랑에다 미영 씨를 뿌려놓고 보리 수확 후 목화가 피면 수확했다. 이처럼 밭에서는 보리와 서숙 또는 미영, 콩 등을 계절에 맞춰 교대하거나 선택해서 재배했다.

(1) 보리

동지섣달에 보리를 간다. 다른 밭농사와 마찬가지로 "쟁기질을 한 후에, 골미어 갖고[6], 퇴비 허치고[7], 인분을 뿌려" 놓고 보리씨를 뿌린다. 모심기 직후에 보리

6 쟁기질로 생긴 골을 메우고
7 퇴비를 뿌리고

보리 수확

를 수확한다. 논농사와 겹치는 농번기이므로 보리 수확 후 공동으로 보리타작을 한다. 이때 〈보리타작소리〉가 불려진다. 보리를 베어낸 뒤에는 서숙을 간다.

> 쟁기질 했으니 두룩이 있을 것 아니라고 흙을 때려갖고 반반이 골라 골을 미어. 거깄다 그래갖고 퇴비 허치고, 거름이 없으니까 인분, 소매 똥장군 짊어지고 가서 소매 찌끌어갖고, 거깄다 보리씨를 뿌려. 그래갖고 인자 덮어. 덮어서 놔두면 동지섣달에 나오고, 5, 6월달에 추수하고. 이종만 끝나면 보리하고 추수가 겹친께. 원없이 고생하재. 보리 비어 내고 서숙 갈제.

(2) 서숙

서숙(조)은 차조와 모조가 있다. 차조보다는 모조를 더 많이 심었다. 서숙은 보리를 수확하고 난 직후에 밭갈이를 하고 씨앗을 뿌린다. 서숙을 수확하는 시기는 벼와 비슷하다. 가을에 서숙을 추수하고 난 뒤에 보리를 간다. 이것으로 보면 밭농사에서는 서숙과 보리가 주요 이모작 작물이라고 할 수 있다.

논에 쟁기질 하고 이종 끝나면, 보리 비어놓고 또 서숙 갈아 밭에서. 서숙. 차조 모조, 차조도 갈고 모조도 갈고, 그 퇴약볕에서 가물아갖고 먼지 풀풀 나고, 밭에서 두불 갈아. 밭 베끌 갈고 생갈이 뜨고 골 내기하제. 골을 내 곰배로, 곰배로 뚜들어서 골을 내. 그래갖고 거깄다 인자 서숙 종자를 뿌리고 곰배로 덮어 흙을 때려서 흙을 덮어. 그라고 가을에 어떻게 하는 고 하니, 일일이 서숙 모가지를 칼로 따야 돼. 그것을 짤라야 돼.(서숙은 몇 월 쯤에 수확하나요?) 나락 수확할 때랑 비슷하게 같이 해.

(3) 미영(목화)

음력 2~3월에 미영을 간다. 밭갈이 방식은 다른 작물과 같다. 밭을 간 뒤 골을 메워놓고 씨앗을 뿌린다. 여름에 풀이 많이 나기 때문에 밭매기를 한다. 다래는 4월경에 열린다. 미영밭 매는 것도 품앗이로 한다. 미영은 식량이 아니지만 필수적인 의복 재료이므로 대부분의 집에서 재배를 했다.

두룩을 만들어 갖고 곰배로 두드러갖고 씨앗을 뿌리고 덮으제. 봄에 심어갖고, 음력 3월, 4월이면 다래가 맺어. 동그란 다래가. 다래 까먹으면 달그작작 맛있어. 우리 째칸할 때 다래 따먹다가 쫓아오면 내빼고. 여름에 미영밭을 매고, 많이 심은 사람은 여럿 데려갖고 하고, 여자들이 다 매, 남자들은 쟁기질 해서 단도리만 해주면 김매는 것은 여자들이 다 하고, 논매는 것은 남자들이 하제. 미영할 때는 서숙 같은 걸을 안 했어. 팽야 미영 탈 때는 7, 8월 그때 모두 미영을 따거든. 미영은 거의 집집마다 하다시피 했지. (미영밭 맬 때 여럿이 일하면서 노래를 하기도 하던가요?) 노래도 더러 해. (먼 노래를 하던가요?) 몰라 먼 노래를 했는지는 (우수영 부녀농요라고 있잖아요. 그런 노래를 했어요?) 미영밭 맬 때에는 그런 노래를 잘 안 했어.

목화는 전통적으로 중요시되던 작물이지만, 20세기 초에 일제에 의해 목화 재배가 권장되면서 더 확산되었다. 이런 상황에서 공동으로 목화를 재배하는 환경이 조성되고 농요도 함께 불려지게 된 것으로 보인다. 우수영 인근의 진도군 의신면에서 전승되는 대동두레놀이와 화중밭매는소리가 그것을 보여준다. 우수영 부녀농요에 나오는 김매는소리나 길꼬냉이 등도 이와 관련 있는 것으로 추정된다.

(4) 고구마

예전에는 고구마를 감자라고 했으며, '감자'는 하지감자라고 했다. 구황작물로 많이 재배했다.

> 봄에 감자 종자를 묻어서 순을 질러. 순이 지르면 감자 두룩을 만들어. 두룩을 두두룩하게 만들어. 순이 지른 놈을 적당하게 잘라. 잘라 갖고 가서 골을 타고 호미로 두룩을 골을 타갖고 그걸로 이렇게 이렇게 묻어 버려. (비가 안 올때) 고구마가 잎삭은 말라도 심어놓으면 그냥 댓줄에서 뿌리가 나니까 얼른 죽지는 않애. 식량이 없으니까 고구마를 캐다가 따뜻한 방 구석에다가 감자 두 대통을 해. (뭐를 만들어요?) 수시대로 만들어. 수시대로 엮어갖고 둥그렇게 이렇게 해. 그래갖고 거깄다가 이빠이 처 쟁여놓으면 방이 따땃한께. 인자 그놈 내서 쪄서 식량하고 그랬어.

3) 밭농사와 노래의 관계

앞에서 살핀 밭농사 중에서 농요와 직접 관계가 있는 작물은 보리, 서숙, 목화 등이다. 모든 작물에서 공통적으로 등장하는 것은 잡초 제거다. 김매기가 중요하고 필수적인 작업이고 그에 따라 자연스럽게 공동노동 과정에서 노래가 등장한 것이라고 할 수 있다. 이런 점에서 〈김매는소리〉의 비중이 크다고 할 수 있다. 한편 작물의 재배 및 수확 과정에 어떤 특정 노래가 고정돼 있지는 않다. 보리의 경우만 〈도리깨질소리〉가 추가될 뿐, 작물의 재배 과정과 노래의 연결 관계가 두드러지지 않는다.

우수영에서는 보리밭, 서숙밭, 미영밭, 콩밭을 주로 맸다. 정이월에는 보리밭, 여름에는 서숙밭, 미영밭, 콩밭을 맸다. 각 작물마다 기본적으로 두 번에 걸쳐 김매기를 했으므로 그 일의 비중이 컸다고 할 수 있다.

㈎ 그 전에는 약이 없은께 밤낮 맸제. 전부 손으로 맸어.(그 전에 밭 맬 때 품앗이로 했어요?) 품앗이로 했제. 다 품앗이 했제. 그란께 숭을 못 보고 노래로 했는가 싶습디다. 옛날에 사람들이. (다른 방법은 없었고요?) 품앗이 안 하고는 못 했제. 혼자 이녘이 맸는가 몰라도.

㈏ 보리는 3월달까지 두불을 매. 보리밭 안 매면 못 해묵어. 지금은 약 한께 그러제. 두불씩 매제. 우리 어렸을 때 두불씩 맸어. 첫 번째는 보리가 나풀나풀 해지면 매. 그 때가 12월, 일단은 첫 번 맬 때는 추웠어. 음력으로 동짓달이나 섣달이나 되았는가 몰라. 그라고 설 쇠고 두불을 매. 음력 설 쇠고라우. 그랄 때 어짤 때는 눈도 오드만. 눈도 와. 항상 오는 게 아니라. 눈 오면 워매 올해 보리 시절 좋것다. 어른들이 말하드만.

㈐ (서숙밭은 언제 매요?) 여름에. 서숙 갈아갖고 여름에 매. 미영밭도 여름에. 보리밭만 정이월까지 매제. (보리밭은 두불 매고 서숙이나 미영은요?) 그런 것도 다 두불씩 다. 그 때는 손으로 풀을 맸기 때문에.

밭매기는 주로 품앗이 형태로 이루어졌다. 여럿이 함께 일을 했고 또 일이 힘들었으므로 자연스럽게 노래가 등장했다. ㈎에서 "그란께 숭을 못 보고 노래로 했는가 싶습디다"라고 말하고 있는 데서 보듯이 직접 흉을 보는 대신에 어떤 상황을 노래로 표현하면서 일노래의 흥취를 즐겼다. 보리밭매기는 두 번에 걸쳐 이루어졌다. 그리고 다른 작물도 모두 두불매기를 했다. 여러 번에 걸쳐 집단적인 노동이 반복되었음을 알 수 있다. 이것으로 볼 때 부녀농요의 가장 중요한 배경이 밭매기였다고 할 수 있다.

밭매기에서 제거하는 잡초는 계절과 작물에 따라 다르다.

㈑ 겨울에는 '곤배무리'라고 풀이 있어 보리밭에. 보리밭에 나오고. 여름에는 '바라구'. 차조·모조 서숙밭은 바라구. 지금도 있어. 바라구라고 풀밭에 있어. 그라고 미영도 콩밭도 바라구. 여름에는 바라구 그거. 미영밭 서숙밭은 '비린잎' 하고.

그러니까 명밭 서숙밭, 콩밭에는 바라구, 비린잎도 있어. 그 풀은 있어 지금도. 그런디 약 안한 데가 있지. 약 한 데는 없어. 보리밭에는 곤배무리하고 '가상쿠'라고 있어. 가상쿠라고 껄껄이. 이름이 두 가지여.

겨울과 봄에 보리밭에서 자라는 풀은 곤배무리와 바라구, 가상쿠(껄껄이) 등이 있고, 여름철 서숙밭 · 미영밭 · 콩밭 등에서 자라는 풀은 바라구, 비린잎 등이 있다. 이 중에서 곤배무리는 식용 나물로도 사용되며 껄껄이는 밭둑에서 주로 자란다. 제거되는 잡초지만 매년 반복되는 힘겨운 일 속에서 접하기 때문에 저절로

1	2
3	4

1. 곤배무리 2. 바라구
3. 비린잎 4. 가상쿠(껄껄이)

풀에 대한 생태지식이 습득되었다고 한다.

밭농사와 직접 관련된 또 다른 노래는 〈도리깨질소리〉가 있다. 여러 사람들이 서로 마주 보거나 중앙 쪽을 향해 서서 도리깨를 휘두르며 부르는 소리가 〈도리깨질소리〉다. 도리깨질은 보리와 콩 타작 등에서 했다. 1972년에 우수영 부녀농요가 전국민속예경연대회에 참가할 당시 신문에 '돌개노래'라고 소개된 노래가 이것이다.

부녀농요 중에서 〈김매는소리〉와 〈도리깨질소리〉 이외의 다른 노래들은 특정 작업에 고정되지 않는다. 〈길꼬내기〉는 들에 나가거나 마을로 들어오면서 부르던 노래이며 〈방애타령〉과 〈둥덩에타령〉은 유흥요의 성격이 강한 노래다. 〈방애타령〉의 경우 '방아'라는 말이 있어서 방아 찧는 과정을 연상하고 방아 찧는 모습을 놀이로 재현한 것 같은데 본래 그 기능으로 특정된 노래는 아니다. 그리고 〈둥덩에타령〉은 가사 일을 할 때 부르긴 했으나 명절이나 놀이판에서 주로 부르던 노래다. 이것으로 볼 때「부녀농요」는 우수영 여자들이 밭일을 하거나 놀 때에 부르던 노래들을 두루 포괄한 개념이라고 할 수 있다.

3. 부녀농요 소재 사당패소리의 전승 내력

우수영의「부녀농요」는 ①들에 나가면서 부르는 길꼬내기 ②김매는소리 ③도리깨질소리 ④방애타령 ⑤둥덩에타령 ⑥귀가하면서 부르는 길꼬내기 등으로 이루어져 있다. 이 중에서 〈길꼬내기〉와 〈방아타령〉은 조선후기에 인기를 끌던 '사당패소리'에 해당하는 것들이다. 사당패소리는 이름 그대로 전국적으로 유랑을 하면서 공연을 하던 '사당패' 또는 '남사당패'가 부르던 노래다. 그 노래들이 부녀농요에 포함돼 있다는 점이 특이하다. 여러 개의 사당패소리가 우수영 부녀농요에 수용된 배경을 살펴볼 필요가 있다.

우수영에 사당패소리가 많이 전승되는 것은 어떤 배경이 있어서일까? 그것은 우수영이 사당패 또는 남사당패가 선호할 만한 조건을 갖춘 곳이라는 점과 관련이 있다.

사당패는 상업적인 연행 공간을 찾아다니던 놀이패였다. 유랑연희패가 남해안 일대에 찾아든 배경은, 조선후기에 새롭게 조성된 사회경제적 활력이라고 할 수 있다. 조운과 관련된 포구의 번성 그리고 '수천 척의 배들이 모여들던' 파시를 둘러싼 경제적 활력은 유흥문화가 유입되는 주요 배경이 되었다. 또한 간척과 개간 및 국가 소유의 목장과 봉산의 해제 등으로 경제적 기반이 확대되고 마을 공동체가 활성화되는 상황도 유랑연희패의 유입을 낳게 한 배경이 되었다.[8] 대표적인 사례를 완도군 금당도에서 볼 수 있다. 금당도에서는 18세기 말에 국가에 묶여 있던 봉산封山이 풀리면서, 새롭게 개간한 경작지와 풍부한 목재를 기반으로 삼아 동계洞契가 설립되어 활발하게 운영되었다. 그런데 여기서 주목할 점은 동계의 지출 항목에 '남사당'과 '가객'이 포함되어 있다는 점이다. 이것은 남사당패가 마을 공동체의 행사와 어떤 연관 속에서 들어와 공연했다는 뜻이므로 관심을 모은다. 임술년(1862)부터 정묘년(1927)까지 지출 내력을 담고 있는 『동계책』에는 남사당과 가객 관련 기록이 6번 나온다.[9] 어떤 해(1880, 1897, 1905)에는 남사당과 가객이 같이 나오고, 어떤 해(1886, 1892)에는 남사당만 나오고, 어떤 해(1902)에는 가객만 나온다. 3년 또는 5, 6년 간격으로 외부의 연희패를 초청해 공연을 했다는 것을 말해준다. 특히 남사당은 5회에 걸쳐 꾸준히 등장하는데, 부정기적이지만 마을 공동체의 연례적 행사와 관련해 초청되었던 것으로 짐작된다.

위의 사례처럼 우수영은 사당패가 찾아들 만한 좋은 환경을 갖추고 있었다. 크게 세 가지를 생각할 수 있다. 하나는 우수영이 서남해의 거점지역이라는 점이다. 우수영右水營은 그 이름에서 알 수 있듯이 조선시대 수군기지였던 '전라우수

---

8 유랑연희패 활동과 관련된 도서지역의 사회문화적 환경에 대해서는 이경엽의 「도서지역의 민속연희와 남사당노래 연구」(『한국민속학』33, 한국민속학회, 2001, 239~242쪽) 참고.

9 庚辰(1880) 男士當 / 歌客, 丙戌(1886) 男士當 / 神祭, 壬辰(1892) 男士當, 丁酉(1897) 男士當 / 歌客, 壬寅(1902) 海南歌客, 乙巳(1905) 男士當 / 歌客

영'이 자리했던 곳이다. 그 관할 구역은 한반도의 서남해역이었다. 우수영에서는 7관(해남, 진도, 영암, 나주, 무안, 함평, 영광)과 17포(완도 가리포~전북 옥구 · 군산진)의 수군을 통솔했다. 19세기 중엽 전라우수영에 소속된 병선이 모두 85척이며 병사는 21,356명이었다고 한다. 그리고 1895년에 우수영이 폐영될 때 소재지의 민호가 560호였다고 하니 그 규모가 상당했다는 것을 알 수 있다.[10] 이처럼 많은 인구가 거주하던 곳이니 사회적 활력이 조성돼 있었을 것으로 짐작된다. 둘째는 우수영이 다도해의 관문 포구라는 사실이다. 우수영을 통해 진도와 신안의 수많은 섬들이 뱃길로 연결돼 있었다. 교류의 거점이었으므로 사당패가 자연스럽게 찾아왔을 것으로 보인다. 셋째는 우수영 사람들이 음악을 각별하게 즐기는 전통이 있다는 점이다. 이런 까닭에 당대에 인기를 끌던 예인 집단들이 우수영에 찾아들었고, 그것을 즐기던 지역 사람들이 사당패소리를 전승 목록으로 수용했다고 할 수 있다. 이런 배경으로 인해 우수영에 사당패소리가 들어오게 되었고 그것이 주민들의 농요로 끼어들게 되면서 향토민요화 된 것이라고 할 수 있다.

우수영의 사당패소리와 관련하여 남해안에 유사한 연희 전통이 전승되고 있는 현상을 아울러 검토할 필요가 있다. 남해안 일대의 민속연희를 보면, 전래의 놀이 안에 외래의 유랑연희가 수용된 사례들이 많다. 대표적인 것을 들면, 진도 다시래기와 신안 밤다래놀이, 완도 생일도의 발광대놀이 등이 있다. 다시래기와 밤다래놀이는 전래의 축제식 장례풍속 속에 남사당 연희가 끼어든 사례다. '거사'와 '사당'으로 꾸민 배역들이 소고를 들고 춤을 추며 노래를 부르는 방식은 본래 사당패 또는 남사당패의 연희인데, 그것이 진도와 신안의 장례놀이 공간에 수용되어 현전하는 놀이 형태로 전승되고 있는 것이다. 신안 비금도와 도초도 등지에서는 상가에서 노는 놀이꾼을 아예 '남사당'이라고 부르는데, 이들은 인근 마을에 초청을 받아 다니며 공연을 하기도 했다. 외래의 연희가 지역의 토착화된 민

10 박세나, 「조선시대 전라우수영연구」, 목포대학교 대학원 석사논문, 2010, 45~51쪽.

우수영 부녀농요 보존회원들(영상 기록화 촬영을 마치고 2019.6.25.)

속연희로 자리잡아 전승되는 것이라고 할 수 있다.[11]

이상에서 보듯이 남해안지역에는 사당패 또는 남사당패와 연관된 놀이들이 많이 남아 있다. 우수영에 전하는 사당패소리도 이런 사례들처럼 수용과 변용을 거쳐 지역 전통으로 자리잡게 된 것으로 여겨진다. 유랑하던 사당패의 소리가 주민들에게 수용되어 우수영의 민요가 된 것이다. 부녀농요의 '들에 나갈 때 부르는 길꼬내기', '귀가할 때 부르는 길꼬내기', '방아타령', 남자 들소리의 '길꼬내기', '방아타령' 등은 본래 사당패소리였으나 농요의 일부가 되었다. 사당패소리가 우수영의 향토민요로 수용된 것이라고 할 수 있다.

11 이 문제에 대해서는 이경엽의 「도서지역의 민속연희와 남사당노래 연구」와 「남사당 관련 민속연희와 연희자 연구」(『고전희곡연구』5집, 한국고전희곡학회, 2002.)에서 자세히 다루었다.

2장

우수영 부녀농요의 가사와 악보

2장

우수영 부녀농요의 가사와 악보

1. 부녀농요의 가사

보존회에서 제작한 전수교육용 복사물(「우수영 부녀농요」)를 보면 부녀농요 가사가 수록돼 있다. 상황에 따라 가사가 바뀌고 달라질 수 있으나, 공연에 필요한 정보가 기재돼 있고 전수활동 교재로 사용되고 있으므로 자료로 삼을 만하다. 한편 오탈자가 많으므로 손질이 필요하다. 그리고 현 보유자인 이인자 선생이 추가한 가사가 있으므로 그것을 포함하고 주석을 덧붙여 가사를 다시 정리하기로 한다.

앞소리꾼 이인자

1) 들에 나가면서 부르는 길꼬내기[12]

* 들에 일을 하러 나가면서 부르는 노래다. 과거와 달리 들판에서 일을 하면서 노래하지 않으므로 그 상황을 재현해 공연장에 입장하면서 부른다. '길꼬냉이'라고도 한다. 사진은 들판에서 부녀농요를 재현한 모습이다.(2019년 6월 25일, 이하 마찬가지)

길꼬내기

12 자료집에는 '첫째마당 길꼬내기'라고 돼 있다. 이 말은 공연을 여섯 과장으로 재구성하면서 만든 표현이다. 이어 둘째마당, 셋째마당, 넷째마당, 다섯째마당, 여섯째마당 등으로 적고 있으나 여기서는 생략하기로 한다.

[메기는소리] 아-아-아 헤헤 헤-야 헤헤 헤헤 헤헤 헤-야
아-허어허 허이허 얼사 기와자자 절사 좋다

[받는소리[13]] 아-아-아 헤헤 헤-야 헤헤 헤헤 헤헤 헤-야
아-허어허 허어허 얼사 기와자자 절사 좋다

[메기는소리] 저건너 갈미봉에 비가 담뿍 몰아오는네
우장을 두루고 얼사 지심을 허허허 매에세

[받는소리] 아-아-아 헤헤 헤-야 헤헤 헤헤 헤헤 헤-야
아-허이허 허어허 얼사 기와자자 절사 좋다

[메기는소리] 물밑에 잉어는 굼실굼실 허허허 노는데
이리굼실 저리굼실 얼사 술 한 잔 감으로 허허허 논다

[받는소리] 아-아-아 헤헤 헤-야 헤헤 헤헤 헤헤 헤-야
아-허이허 허어허 얼사 기와자자 절사 좋다

[메기는소리] 사람이 살면은 몇백년이나 허허허 사느냐
죽엄에 들어서 얼사 남녀노소가 허허허 없단다.

[받는소리] 아-아-아 헤헤 헤-야 헤헤 헤헤 헤헤 헤-야
아-허이허 허어허 얼사 기와자자 절사 좋다

전체인사[14]

[메기는소리] 바람아 불어라 우뎅탱탱 허허허 불어라
추풍 낙엽이 얼사 떨어 허허허진다

[받는소리] 아-아-아 헤헤 헤-야 헤헤 헤헤 헤헤 헤-야
아-허이허 허어허 얼사 기와자자 절사 좋다

13 자료집에서는 '선소리' '후렴'이라고 했으나 여기서는 '메기는소리' '받는소리'로 고쳐 쓰기로 한다.
14 공연장에 입장한 후에 관객들을 향해 인사를 하라는 지시 표현

***** 이인자 선생이 추가한 가사(자료집에 없는 가사)

[메기는소리] 사람이 살면은 몇백년이나 사느냐
살아 생전에 즐겁게 살고 놀아보세

[메기는소리] 저건내 저 가시나 엎푸러져라
일켜나 준땍기 에루와 보듬아 보잔다

[메기는소리] 저건내 저 머시마 누눈메를 보라
겉눈만 감고서 아리발발 떤다

2) 김매는 소리

* 밭에서 잡초를 뽑으면서 부르는 노래다. 과거에는 정이월에 보리밭을 매고 여름철에는 서숙밭, 미영밭, 콩밭 등을 매면서 이 노래를 불렀다. 근래 공연장에서는 호미를 들고 플라스틱 풀을 펼쳐놓고 김매는 과정을 재현하면서 노래를 한다.

김매기

[메기는소리] 아하하 에요 아하하 하아아 하아 기와자 좋네

[받는소리] 아하하 에요 아하하 하아야 하아 기와자 좋네

[메기는소리] 저건너 묵은 밭에 쟁기 없어서 묵었능가 임자가 없어서 묵었능가

[받는소리] 아하하 에요 아하하 하아아 하아 기와자 좋네

[메기는소리] 잘된 데는 차조 갈고 못된 데는 모조 갈아 머리머리 돔부[15] 심어

[받는소리] 아하하 에요 아하하 하아아 하아 기와자 좋네

[메기는소리] 돔부 따는 저처자야 앞돌라라 앞매보자 뒷돌라라 뒷매보자

[받는소리] 아하하 에요 아하하 하아아 하아 기와자 좋네

양팀 서로 끼어 앉는다[16]

[메기는소리] 앞매 뒷매 곱다마는 니머리 끝에 디린 댕기 공단이냐 비단이냐

[받는소리] 아하하 에요 아하하 하아아 하아 기와자 좋네

[메기는소리] 오동추야 달은 밝고 임의 생각이 절로난다

[받는소리] 아하하 에요 아하하 하아아 하아 기와자 좋네

양팀 뒤로 다시 앉는다

[메기는소리] 공단[17]이면은 머설하고[18] 비단이면은 머설할래

[받는소리] 아하하 에요 아하하 하아아 하아 기와자 좋네

[메기는소리] 앞밭에는 꼬치심고 뒷밭에는 마늘심어 마늘꼬치 맵단불로[19] 씨누야 같이도 매울소냐

[받는소리] 아하하 에요 아하하 하아아 하아 기와자 좋네

---

15 강낭콩의 사투리
16 두 줄로 늘어선 공연자들이 서로 끼워 앉는다.
17 미끈한 비단. 최고 좋은 옷감으로 간주되었다고 한다.
18 무엇을 하고
19 마늘 고추 맵다고 해도

[메기는소리] 보리 까실이 꼿꼿한들 씨압씨 같이 꼿꼿할까
[받는소리] 아하하 에요 아하하 하아아 하아 기와자 좋네
[메기는소리] 모조밥이 깔깔한들 씨엄씨 같이도 까랄소냐[20]
[받는소리] 아하하 에요 아하하 하아아 하아 기와자 좋네
[메기는소리] 호박너물이 능클 한들 동새[21]야 같이도 우멍할까[22]
[받는소리] 아하하 에요 아하하 하아아 하아 기와자 좋네
[메기는소리] 성 너매는 성꽃피고 재 너매는 재꽃피어
[받는소리] 아하하 에요 아하하 하아아 하아 기와자 좋네
[메기는소리] 우리동네 총각들은 장개꽃이 만발했네[23]
[받는소리] 아하하 에요 아하하 하아아 하아 기와자 좋네
[메기는소리] 오동추야 달은 밝고 임오생각이 절로난다
[받는소리] 아하하 에요 아하하 하아아 하아 기와자 좋네

도리깨 장 대형으로 갖추어질 때[24]

[메기는소리] 아하 훨아 허허 훨이 하이요
[받는소리] 아하 훨아 허허 훨이 하이요
[메기는소리] 아하 훨아 허허 훨이 하이요
[받는소리] 아하 훨아 허허 훨이 하이요
[메기는소리] 아하 훨아 허허 훨이 하이요
[받는소리] 아하 훨아 허허 훨이 하이요
[메기는소리] 아하 훨아 허허 훨이 하이요
[받는소리] 아하 훨아 허허 훨이 하이요

---

20 까랍다 : 까다롭다의 방언. 괴팍하다는 뜻이라고 함
21 손위 동서
22 은근하게 괴롭히는 것을 말한다고 함
23 시절이 좋다는 뜻
24 도리깨질을 할 수 있는 대형으로 갖춰졌을 때

3) 도리깨질소리

* 수확한 보리를 마당에 깔아놓고 이삭 부분을 도리깨로 두르려 낟알을 털어내면서 부르는 노래임.(2019년 6월 25일)

도리깨질

[메기는소리] 아하 훨아 허허 훨이 하이요
[받는소리] 아하 훨아 허허 훨이 하이요
[메기는소리] 늘보린가[25] 쌀보린가 늑실늑실 때려보세
[받는소리] 아하 훨아 허허 훨이 하이요
[메기는소리] 여그도 땔고 저그도 땔고 고루고루 때려보세
[받는소리] 아하 훨아 허허 훨이 하이요
[메기는소리] 넘어간다 넘어간다 돌깨꼭지[26] 넘어간다
[받는소리] 아하 훨아 허허 훨이 하이요
[메기는소리] 오동추야 달은 밝고 임의 생각 절로난다
[받는소리] 아하 훨아 허허 훨이 하이요
[메기는소리] 이보리를 어서 쳐서 나래보양[27] 허여보세
[받는소리] 아하 훨아 허허 훨이 하이요
[메기는소리] 산아 산아 옥매산아 비가 오면 방죽산아[28]
[받는소리] 아하 훨아 허허 훨이 하이요
[메기는소리] 산아 산아 백두산아 눈이 오면 흔득산[29]아
[받는소리] 아하 훨아 허허 훨이 하이요
[메기는소리] 오동추야 달은 밝고 임오 생각 절로난다
[받는소리] 아하 훨아 허허 훨이 하이요
[메기는소리] 달떠온다 달떠온다 각성방에 달떠온다
[받는소리] 아하 훨아 허허 훨이 하이요
[메기는소리] 우리님은 어딜가고 저달 뜬줄 모르는가

---

25 늘보리는 거칠고 안 좋은 보리를 지칭함
26 도리깨 꼭지
27 나라 봉양(奉養). 일반적으로는 부모 봉양이라는 표현이 많이 나옴.
28 옥매산 : 해남군 문내면과 황산면 경계에 있는 산. 예전에 옥을 캐던 광산이 있었음. 산 정상에 움푹 파인 부분이 있어서 비가 오면 물이 고여 방죽이 된다고 해서 방죽산이라고 표현함.
29 하얀산

[받는소리]　　아하 훨아 허허 훨이 하이요

[메기는소리]　　오동추야 달은 밝고 임으 생각 절로난다

4) 방애타령

* 보리 방아를 찧고 그것을 갈무리하는 과정을 놀이로 재현하면서 부르는 노래. 계통적으로 보면 사당패소리인데 농요로 수용된 사례임. 외래의 노래가 향토민요로 수용되어 부녀농요 속에 포함된 것으로 추정됨. 실제 방아를 찧으면서 이 노래를 불렀던 것이 아니고, '방아'라는 이름 때문에 농요의 한 절차로 끼어든 것으로 보임.

방아놀이

[메기는소리] 에양에양 에헤야 어어 이것이 방아로고나

나지나아 아하 나이나이나이 나나이 나아 노다지 방아로고~나

[받는소리] 에양에양 에헤야 어어 이것이 마아로고나

나지나아 아하 나이나이나이 나나이 나아 노다지 방아로고~나

[메기는소리] 노자강변에 비둘기 한 쌍이 물콩 하나를 물어다가

암놈은 물어 숫놈 주고 숫놈은 물어서 암놈주고

[받는소리] 에양에양 에헤야 어어 이것이 마아로고나

나지나아 아하 나이나이나이 나나이 나아 노다지 방아로고~나

[메기는소리] 암놈 숫놈 어울은 소리 청청 과부가 지둥을 잡고서 도~온다

[받는소리] 에양에양 에헤야 어어 이것이 마아로고나

나지나아 아하 나이나이나이 나나이 나아 노다지 방아로고~나

[메기는소리]　또랑 또랑 백새또랑[30] 여자복송[31]을 심었더니

가지는 뻗어서 이방이요 뿌리는 뻗어서 성장이라[32]

[받는소리]　에양에양 에헤야 어어 이것이 마아로고나

나지나아 아하 나이나이나이 나나이 나아 노다지 방아로고~나

[메기는소리]　머물었다 피는 꽃은 방실방실 웃는 것이 기생에 태도로고~나

[받는소리]　에양에양 에헤야 어어 이것이 마아로고나

나지나아 아하 나이나이나이 나나이 나아 노다지 방아로고~나

[메기는소리]　못할래라 못할래라 기생에 노릇을 못할래라

원수여리[33] 북장고소리에 기생에 노릇을 못할래라

[받는소리]　에양에양 에헤야 어어 이것이 마아로고나

나지나아 아하 나이나이나이 나나이 나아 노다지 방아로고~나

*****이인자 선생이 추가한 가사(자료집에 없는 가사)

[메기는소리]　차조방아 모조방아 이 방아를 어서 찧어

부모님 봉양을 하여보세

[메기는소리]　칠떡칠떡 쑥떡방아 이 방아를 어서 찧어

부모님 봉양을 하여 보세

---

30 물이 맑고 깨끗한 도랑

31 복숭아처럼 생겼고 겉은 닭벼슬처럼 주름이 있고 익으면 끝부터 노랗게 벌어지고 안은 붉은색으로 익는 과일. 맛이 달짝지근하다고 함. 마당 울타리로 심던 나무인데 지금은 보기 힘든 과일.

32 가지는 넓게 퍼지고 뿌리는 크게 자란다는 뜻이라고 함

33 원수같은

5) 둥덩에타령

* 활방구를 치며 원을 그리며 춤추고 놀면서 둥덩에타령을 부른다.

둥덩에타령

[메기는소리] 둥덩에-덩 둥덩에-당 덩기 둥덩에 둥덩에-덩

[받는소리] 둥덩에-덩 둥덩에-당 덩기 둥덩에 둥덩에-덩

[메기는소리] 가-간다 나는 가 가-간다 나는 가

정든님 따라서 내돌아간다 덩기-둥덩에 둥덩에덩

[받는소리] 둥덩에-덩 둥덩에-당 덩기 둥덩에 둥덩에-덩

[메기는소리] 사-산골짝 비둘기 사-산골짝비둘기

산천만 잡고서 왜뱅뱅돈다 덩기-둥덩에 둥덩에-덩

[받는소리] 둥덩에-덩 둥덩에-덩 덩기-돛덩에 둥덩에-덩

[메기는소리] 둥덩에 샘으로 물질러 갔다

통꼭지 장단에 어깨춤 춘다[34] 덩기-둥덩에 둥덩에-덩

[받는소리] 둥덩에-덩 둥덩에-덩 덩기-돛덩에 둥덩에-덩

[메기는소리] 하늘에다 베틀 놓고 구름잡어 잉애걸고 참나무에 보두집에

비자나무 북에다가 얼쿠덩 쩔쿠덩 짜느냐 베는

언제나 다 짜고 친정에 갈까 덩기-둥덩에 둥덩에-덩

[받는소리] 둥덩 에-덩 둥덩에-덩 덩기 둥덩에 둥덩에-덩

[메기는소리] 육구육구 유자나무 백년새가 앉아울어

저기 가는 저각씨야 백년새잔 날켜주라

내가 날켜 날라를 갈까 지가 절로 날라를 가재[35]

덩기-둥덩에 둥덩에-덩

[받는소리] 둥덩에-덩 둥덩에-덩 덩기-돛덩에 둥덩에-덩

[메기는소리] 씨압씨 술값은 흩닷냥 며느리 술값은 열닷냥

섣달 금날이 뚝닥친게 씨압시상투가 싹없어진다[36]

덩기-둥덩에 둥덩에-덩

[받는소리] 둥덩에-덩 둥덩에-덩 덩기-돛덩에 둥덩에-덩

*****이인자 선생이 추가한 가사(자료집에 없는 가사)

[메기는소리] 야 양두 강에는 빠 빠르대 떴는데[37]

내 술잔 간 데는 지화만 떴다 덩기 둥덩에 둥덩에 덩

---

34 통꼭지 : 머리에 이는 나무물통의 손잡이. 물통을 머리에 이고 어깨 춤추는 모습을 묘사한 것

35 "저기 가는 저 각시야 백년새가 날아가게 해주라. 내가 날려줘야 날아갈까 지가 절로 날아가지" 유자나무 위에서 혼자 우는 백년새의 애처로운 처지를 노래한 가사임.

36 술 좋아하는 며느리가 술을 외상으로 갖다 먹고 섣달그믐에 외상값을 갚아야 하니까 시아버지 상투로 술값을 갚았다라는 우스갯소리를 담고 있는 가사

37 양도 : 우수영 앞에 있는 작은 섬. 양도(양두) 앞 바다(강)에 큰 대나무가 떴는데.

[메기는소리]　내론다 내론다 유 윤선[38]이 내론다
쌍고동 틀고 애고동 틀고 거덜거리고 내론다 덩기 둥덩에 둥덩에 덩

[메기는소리]　새야 새야 파랑새야 녹두밭에 앉질마라
녹두꽂이 떨어지면 장포장수 울고간다 덩기 둥덩에 둥덩에 덩

[메기는소리]　년아 년아 진도 년아 진도하고 몬들 년아[39]
한삼모시 석자시치 오른손에 감어지고 녹진[40]아 나루를 건너를 가니
어느나 친구가 날 찾아올까 덩기 둥덩에 둥당어 덩

[메기는소리]　년아 년아 진도 년아 진도하고 몬들 년아
한삼모시 석자시치 오른손에 감어지고
녹진아 나루를 건너를 가니 너루난 질도 좁으난 듯이
요네야 궁둥이 싹 스쳐간다 덩기 둥덩에 둥당에 덩

6) 들어오면서 부르는 길꼬내기

* 일을 마치고 마을로 돌아오면서 부르는 노래. '길꼬냉이'라고도 한다.

---

38 윤선(輪船) : 배의 좌우에 수레바퀴 모양의 추진기를 달고 있는 배. "쌍고동 틀고 외고동 틀고 거덜거리고 내려온다"는 가사로 볼 때 증기기관 동력으로 움직이는 화륜선(火輪船)을 묘사한 것으로 보인다.

39 이 가사와 다음 가사는 욕이 들어 있어서 잘 안 부르는 노래라고 함

40 녹진(鹿津) : 진도군 군내면 녹진리에 있는 나루

길꼬내기

[메기는소리] 에-헤 헤-야 아-얼마 좀도좋다 얼시구 야이야 기와자 내사랑 가노라
[받는소리] 에-헤 헤-야 아-얼마 좀도좋다 얼시구 야이야 기와자 내사랑 가노라

[메기는소리] 간다 못간다 어-얼마나 울어서 정거장 마당에 에로아 한강수 데노라
[받는소리] 에-헤 헤-야 아-얼마 좀도좋다 얼시구 야이야 기와자 내사랑 가노라

[메기는소리] 오다가 가다가 만나는 님은 손목이 끊어져도 에루아 내사 못노리
[받는소리] 에-헤 헤-야 아-얼마 좀도좋다 얼시구 야이야 기와자 내사랑 가노라

[메기는소리] 세월아 네월아 오고가지를 말어라 꽃같은 내청춘 에루아 다늙어 가노라
[받는소리] 에-헤 헤-야 아-얼마 좀도좋다 얼시구 야이야 기와자 내사랑 가

노라

[메기는소리] 서산에 지는 해는 지고 싶어서 지느냐 날 버리고 가신님 가고야 싶어서 가느냐

[받는소리] 에-헤 헤-야 아-얼마 좀도좋다 얼시구 야이야 기와자 내사랑 가노라

*****이인자 선생이 추가한 가사(자료집에 없는 가사)

[메기는소리] 사람이 살면은 몇백년이나 사느냐 살어생전에 즐겁게 살고 놀아보세

[메기는소리] 저건네 저 가시나 입푸러저라 일켜 준때끼 에루와 보듬아 보잔다

[메기는소리] 저건네 저 머시마 누 눈매를 봐라 겉눈만 감고서 아리발발 떤다

2. 부녀농요의 악보

부녀농요 녹음 장면(2019년 6월 25일)

(1) 길꼬내기(들에 나가면서)

길꼬내기(들에 나가면서 부르는 소리)

채보 : 김혜정

아 어 — 어 어 어 어 — 얼 싸 지 화 — 자 — 자 절 싸 좋 — — 다
<메 기 는 소 리>
물 밑 에 — 잉 어 — — 는 굼 실 굼 실 허 허 허 노 는 — 데
이 리 — 굼 — 실 — 저 — 리 — 굼 실 얼 싸 술한잔감으로허허허 논 — — 다
<받 는 소 리>
아 아 하 하 헤 헤 헤 야 에 헤 헤 헤 헤 헤 헤 에 — 야
아 어 — 어 어 어 어 — 얼 싸 지 화 — 자 — 자 절 싸 좋 — — 다
<메 기 는 소 리>
세 월 아 — 봄 철 — — 아 오 고 가 지 를 허 허 허 말 어 — 라
꽃 같 — — — 은 — 내 청 — 춘 얼 싸 다 늙 어 허 허 허 간 — — 다
<받 는 소 리>
아 아 하 하 헤 헤 헤 야 에 헤 헤 헤 헤 헤 헤 에 — 야
아 어 — 어 어 어 어 — 얼 싸 지 화 — 자 — 자 절 싸 좋 — — 다

(2) 김매는소리

김매는소리

채보 : 김혜정

<받는 소리>
머 — 리 머 — — 리 돔 부 — 심 어
아 아 하 _ 에 헤 요
아 하 아 — 하 아 — 하 아 하 — 지 — 화 — 자 — 좋 네
<메기는 소리>
돔 — 부 — 따 는 — 저 처 자 — 야 — 앞 — 돌 라 — — — — 앞 매 보 자 —
<받는 소리>
뒷 — 돌 라 — — — 뒷 매 — 보 자
아 아 하 _ 에 헤 요
아 하 아 — 하 아 — 하 아 하 — 지 — 화 — 자 — 좋 네
<메기는 소리>
앞 — 매 — 뒷 매 — 곱 다 마 — 는 — 니 머 리 끝 에 — 디 린 댕 기 —
<받는 소리>
공 단 이 냐 — — 비 단 — 이 냐
아 아 하 _ 에 헤 요
아 하 아 — 하 아 — 하 아 하 — 지 — 화 — 자 — 좋 네
<메기는 소리>
공 — 단 — 이 면 — 은 — 뭣 을 하 — 고 — 비 — 단 이 면 은 — 뭣 을 할 래

<받는 소리>
아 아 하_에 헤 요 아 하 아 — 하 아 — 하 아 하 —
<메기는 소리>
지 — 화 — 자 — 좋 네 오 — 동 — 추 야 — — — 달 은 밝 — 고 —
<받는 소리>
우 리 님 생 각 절 로 — 난 다 아 아 하_에 헤 요
아 하 아 — 하 아 — 하 아 하 — 지 — 화 — 자 — 좋 네
<메기는 소리>
앞 — 밭 — 에 는 — — — 고 추 심 — 고 — 뒷 — 밭 에 — — 는 마 늘 심 어_
<받는 소리>
아 아 하_에 헤 요 아 하 아 — 하 아 — 하 아 하 —
<메기는 소리>
지 — 화 — 자 — 좋 네 마 늘 고 추 맵 — 다 불 — — 로
<받는 소리>
시 누 야 같 이 도 매 울 손 가 아 아 하_에 헤 요

아 하 아 — 하 아 — 하 아 하 — 지 — 화 — 자 — 좋 네
<메기는 소리>
보 — 라 — 까 실 — 이 — 꼿 꼿 한 — 들 — 시 압 시 같 이 도 꼿 꼿 — 할 까
<받는 소리>
아 아 하 _ 에 헤 요 아 하 아 — 하 아 — 하 아 하 —
지 — 화 — 자 — 좋 네
<메기는 소리>
모 — 조 — 밥 이 — — — 깔 깔 한 — 들 —
시 엄 씨 같 이 로 까 랄 — 손 가
<받는 소리>
아 아 하 _ 에 헤 요
아 하 아 — 하 아 — 하 아 하 — 지 — 화 — 자 — 좋 네
<메기는 소리>
호 — 박 — 노 물 — 이 — 능 클 한 — 들 — 동 새 야 같 이 도 우 멍 할 까
<받는 소리>
아 아 하 _ 에 헤 요 아 하 아 — 하 아 — 하 아 하 —

<메기는 소리>
지 — 화 — 자 — 좋 네 성 — 님 — 에 는 — — — 성 꽃 피 — 고 —
<받는 소리>
재 — 님 에 — — 는 재 꽃 피 어 — 아 아 하_에 헤 요
아 하 아 — 하 아 — 하 아 하 — 지 — 화 — 자 — 좋 네
<메기는 소리>
우 리 동 네 총 — 각 들 — — 이 장 — 가 꽃 이 만 발 했 네
<받는 소리>
아 아 하_에 헤 요 아 하 아 — 하 아 — 하 아 하 —
<메기는 소리>
지 — 화 — 자 — 좋 네 오 — 동 — 추 야 — — — 달 은 밝 — 고 —
<받는 소리>
우 리 님 생 각 절 로 — 난 다 아 아 하_에 헤 요
아 하 아 — 하 아 — 하 아 하 — 지 — 화 — 자 — 좋 네

(3) 도리깨질소리

도리깨질소리
채보 : 김혜정
♩≒80 실음은 5도 아래
<메기는 소리>
아 하 — 아 — 훨 — 아 훨 — — 이 하 — — 요
<받는 소리>
아 하 — 아 — 훨 — 아 훨 — — 이 하 — — 요
<메기는 소리>
아 하 — 아 — 훨 — 아 훨 — — 이 하 — — 요
<받는 소리>
아 하 — 아 — 훨 — 아 훨 — — 이 하 — — 요
<메기는 소리>
늘 — 보 — 린 가 쌀 보 오 — 린 — 가
늑 — 실 늑 — 실 — 때 려 — 보 세
<받는 소리>
아 하 — 아 — 훨 — 아 훨 — — 이 하 — — 요

<메기는 소리>
여 그 도 — 때 리 고 저 그 도 오 — 땔 — 고
고 — 루 고 — 루 — 때 려 — 보 세
<받는 소리>
아 하 — 아 — 훨 — 아 훨 — — 이 하 — — 요
<메기는 소리>
넘 — 어 — 간 다 넘 어 어 허 간 — 다
돌 — 깨 꼭 — 지 — 넘 어 — 간 다
<받는 소리>
아 하 — 아 — 훨 — 아 훨 — — 이 하 — — 요
<메기는 소리>
이 — 보 — 리 를 어 서 어 허 쪄 — 서
나 — 라 봉 — 양 — 허 여 — 보 세
<받는 소리>
아 하 — 아 — 훨 — 아 훨 — — 이 하 — — 요

<메기는 소리>
오 — 동 — 추 야 달 으으 흔밝 — 고
임 — 의생 — 각 — 절 로 — 난 다
<받는 소리>
아하 — 아 — 훨 — 아 훨 — — 이 하 — — 요
<메기는 소리>
산 — 아 — 산 아 옥 매 애 헤 산 — 아
비 — 가 오 — 면 — 방 죽 — 산 아
<받는 소리>
아하 — 아 — 훨 — 아 훨 — — 이 하 — — 요
<메기는 소리>
산 — 아 — 산 아 백 두 우 후 산 — 아
눈 — 이 오 — 면 — 흔 득 — 산 아
<받는 소리>
아하 — 아 — 훨 — 아 훨 — — 이 하 — — 요

<메기는 소리>
오 — 동 — 추 야 달 으으 흔 밝 — 고
님 — 의 생 — 각 — 절 로 — 난 다
<받는 소리>
아 하 — 아 — 휠 — 아 휠 — — 이 하 — — 요
<메기는 소리>
달 — 떠 — 온 다 달 떠 어 허 온 — 다
각 — 성 방 — 에 — 달 떠 — 온 다
<받는 소리>
아 하 — 아 — 휠 — 아 휠 — — 이 하 — — 요
<메기는 소리>
각 — 성 — 님 은 어 디 이 일 가 — 고
저 — 달 뜬 — 줄 — 모 르 — 시 오
<받는 소리>
아 하 — 아 — 휠 — 아 휠 — — 이 하 — — 요

<메기는 소리>
우 ㅡ 리 ㅡ 님 은 어 디 이 일 가 ㅡ 고
저 ㅡ 달 뜬 ㅡ 줄 ㅡ 모 르 ㅡ 시 오
<받는 소리>
아 하 ㅡ 아 ㅡ 휠 ㅡ 아 휠 ㅡ ㅡ 이 하 ㅡ ㅡ 요
<메기는 소리>
오 ㅡ 동 ㅡ 추 야 달 으 으 흔 밝 ㅡ 고
님 ㅡ 의 생 ㅡ 각 ㅡ 절 로 ㅡ 난 다
<받는 소리>
아 하 ㅡ 아 ㅡ 휠 ㅡ 아 휠 ㅡ ㅡ 이 하 ㅡ ㅡ 요

(4) 방애타령

도리깨질소리

채보 : 김혜정

<받는 소리>
에 야 에 양 에 에 야 하 어 허 어 이 것 이 방 아 로 — 구 나 — —
나 지 나 — — 아 아 하 나 나 나 이 나 나 이 나 하 —
<메기는 소리>
노 다 지 방 아 로 구 — — — 나 암 놈 숫 놈 — 어 우 른 소 리 —
청 — 천 — — 과 — 부 가 지 둥 을 잡 고 서 논 — — 다
<받는 소리>
에 야 에 양 에 에 야 하 어 허 어 이 것 이 방 아 로 — 구 나 — —
나 지 나 — — 아 아 하 나 나 나 이 나 나 이 나 하 —
<메기는 소리>
노 다 지 방 아 로 구 — — — 나 또 랑 또 랑 — 녹 색 — 또 랑 —
여 — 자 복 송 을 심 었 더 니 가 지 는 뻗 어 서 이 — 방 이 요 —
<받는 소리>
뿌 리 는 뻗 어 서 성 장 — 이 라 에 야 에 양 에 에 야 하

어 허 어 이 것 이 방 아 로 — 구 나 — — 나 지 나 — — 아 아 하
나 나 나 이 나 나 이 나 하 — 노 다 지 방 아 로 구 — — — 나
<메기는 소리>
오 무 렸 다 — 피 는 — 꽃 은 — 방 — 실 방 실 웃 는 것 이
기 생 의 태 도 로 구 — — 나
<받는 소리>
에 야 에 양 에 에 야 하
어 허 어 이 것 이 방 아 로 — 구 나 — — 나 지 나 — — 아 아 하
나 나 나 이 나 나 이 나 하 — 노 다 지 방 아 로 구 — — — 나
<메기는 소리>
못 할 래 라 — 못 할 — 래 라 — 기 생 의 노 릇 을 못 할 래 라
원 수 여 리 — 북 장 구 — 소 리 — 기 생 의 노 릇 을 못 할 래 라

<받는 소리>
에 야 에 양 에 에 야 하 어 허 어 이 것 이 방 아 로 — 구 나 — —
나 지 나 — — 아 아 하 나 나 나 이 나 나 이 나 하 —
<메기는 소리>
노 다 지 방 아 로 구 — — — 나 차 조 방 아 — 모 조 — 방 아 —
이 방 아 를 어 서 어 — 찧 어 서 — 부 모 님 봉 양 을 허 여 보 세
<받는 소리>
에 야 에 양 에 에 야 하 어 허 어 이 것 이 방 아 로 — 구 나 — —
나 지 나 — — 아 아 하 나 나 나 이 나 나 이 나 하 —
<메기는 소리>
노 다 지 방 아 로 구 — — — 나 쿵 떡 쿵 떡 — 복 덕 — 방 아 —
이 방 아 를 어 서 어 — 찧 어 서 — 부 모 님 봉 양 — 을 허 여 — 보 세

<받는 소리>
에 야 에 양 에 에 야 하 어 허 어 이 것 이 방 아 로 — 구 나 — —
나 지 나 — — 아 아 하 나 나 나 이 나 나 이 나 하 —
노 다 지 방 아 로 구 — — — 나

(5) 둥덩에타령

둥덩에타령

채보 : 김혜정

<받는 소리>
덩 — 기 둥 — 덩 — 에 둥 덩 에 덩 둥 덩 에 덩 — — 둥 덩 에 덩 — — — — —
<메기는 소리>
덩 — 기 둥 — 덩 에 둥 덩 에 덩 사 산 골 짝 비 — 둘 — — 기
사 산 골 짝 — 비 둘 기 삼 천 — 만 잡 고 — 서 — 왜 — 뱅 — 뱅 — 돈 — 다 — —
<받는 소리>
덩 — 기 둥 — 덩 — 에 둥 덩 에 덩 둥 덩 에 덩 — — 둥 덩 에 덩 — — — — —
<메기는 소리>
덩 — 기 둥 — 덩 에 둥 덩 에 덩 육 구 육 구 — 유 자 — 나 무
백 — 년 — 새 가 앉 아 울 어 저 기 가 는 — 저 각 — 시 야
백 — 년 새 좀 날 켜 주 라 내 가 날 켜 — 날 라 — 를 — 갈 까
지 가 — 절 로 날 — 라 — 를 — 가 — 제 — — 덩 — 기 둥 — 덩 — 에 둥 덩 에 덩
<받는 소리>
둥 덩 에 덩 — — 둥 덩 에 덩 — — — — — 덩 — 기 둥 — 덩 에 둥 덩 에 덩

<메기는 소리>
야 양 도 — 강 — 에 — 는 나 나 룻 배 — 떳 는 — 데
내 술 — 잔 — 간 데 는 — 지 — 와 — 만 — 떳 다 — — 덩 — 기 둥 — 덩 — 에 둥 덩 에 덩
<받는 소리>
둥 덩 에 덩 — — 둥 덩 에 덩 — — — — — 덩 — 기 둥 — 덩 에 둥 덩 에 덩
<메기는 소리>
내 려 온 다 내 — 려 — 온 다 유 윤 선 이 — 내 려 온 다
에 — 고 — 동 들 고 쌍 — 고 — 동 — 들 — 고 — 거 들 — 기 리 고 — 내 려 온 다
<받는 소리>
둥 덩 에 덩 — — 둥 덩 에 덩 — — — — — 덩 — 기 둥 — 덩 에 둥 덩 에 덩
<메기는 소리>
둥 덩 — 에 샘 으 로 물 — 길 러 — 갔 다 통 꼭 지 장 단 — 에 — 어 깨 춤 친 — 다 —
덩 — 기 둥 — 덩 — 에 둥 덩 에 덩
<받는 소리>
둥 덩 에 덩 — — 둥 덩 에 덩 — — — — —
덩 — 기 둥 — 덩 에 둥 덩 에 덩
<메기는 소리>
시 압 시 술 값 은 홀 닷 냥

며 느 리 술 값 은 — 열 닷 — 냥 석 — 달 — 금 날 이 — 뚝 닥 — — — 친 께
씨 압 시 상 투 — 가 — 싹 — 없 — 어 — 진 다 — — 덩 — 기 둥 — 덩 — 에 둥 덩 에 덩
<받는 소리>
둥 덩 에 덩 — — 둥 덩 에 덩 — — — — — 덩 — 기 둥 — 덩 에 둥 덩 에 덩

(6) 길꼬내기

길꼬내기(들에서 들어오면서 부르는 소리)
채보 : 김혜정
♩. ≒ 60 실음은 6도 아래
<메기는 소리>
에 — 에 헤 야 아 얼 — 마 좀 — 도 — 좋 — 다 —
얼 씨 구 야 — 야 지 화 자 — 내 사 랑 가 노 — 라
<받는 소리>
에 — 에 헤 야 아 얼 — 마 좀 — 도 좋 — 다
얼 씨 구 야 — 야 지 화 자 — 내 사 랑 가 노 — 라
<메기는 소리>
간 다 — — 못 간 다 어 얼 마 나 우 — 우 — 우 — 울 어
정 — 거 — 장 마 당 에 — 에 루 야 한 강 수 되 노 — 라
<받는 소리>
에 — 에 헤 야 아 얼 — 마 좀 — 도 좋 — 다

얼 씨 구 야 — 야 지 화 자 — 내 사 랑 가 노 — 라
<메기는 소리>
오 다 가 — — — 가 다 가 마 만 나 는 니 — — — — — — — — 임 은
손 — 목 — 이 끊 어 져 도 — 에 로 와 내 사 못 놓 으 리
<받는 소리>
에 — 에 헤 야 아 얼 — 마 좀 — 도 좋 — 다
얼 씨 구 야 — 야 지 화 자 — 내 사 랑 가 노 — 라
<메기는 소리>
널 보 고 — — 나 를 봐 내 — 가 널 따 라 살 — — 겄 — 냐
눈 — 에 — 밴 정 으 로 — 에 로 와 널 따 라 사 노 — 라
<받는 소리>
에 — 에 헤 야 아 얼 — 마 좀 — 도 좋 — 다
얼 씨 구 야 — 야 지 화 자 — 내 사 랑 가 노 — 라

<메기는 소리>
저 건 너 ㅡ ㅡ 저 가 시 나 어 어 푸 르 져 ㅡ ㅡ ㅡ 어 ㅡ ㅡ 라
인 ㅡ 날 ㅡ 세 준 대 끼 ㅡ 보 보 둠 아 보 잔 ㅡ 다
<받는 소리>
에 ㅡ 에 헤 야 아 얼 ㅡ 마 좀 ㅡ 도 좋 ㅡ 다
얼 씨 구 야 ㅡ 야 지 화 자 ㅡ 내 사 랑 가 노 ㅡ 라
<메기는 소리>
저 건 너 ㅡ ㅡ 저 가 시 나 눈 눈 매 를 보 ㅡ ㅡ ㅡ 오 ㅡ 아 라
겉 ㅡ 눈 ㅡ 만 감 고 서 ㅡ 에 로 와 벌 벌 떠 노 ㅡ 라
<받는 소리>
에 ㅡ 에 헤 야 아 얼 ㅡ 마 좀 ㅡ 도 좋 ㅡ 다
얼 씨 구 야 ㅡ 야 지 화 자 ㅡ 내 사 랑 가 노 ㅡ 라
사 람 이 ㅡ ㅡ ㅡ ㅡ ㅡ 살 면 은 ㅡ ㅡ 몇 몇 백 년 사 ㅡ ㅡ ㅡ 느 ㅡ ㅡ 냐

살 ─ 어 ─ 서 생 전 에 ─ 재 밌 게 살 고 놀 아 보 세
<받는 소리>
에 ─ 에 헤 야 아 얼 ─ 마 좀 ─ 도 좋 ─ 다
얼 씨 구 야 ─ 야 지 화 자 ─ 내 사 랑 가 노 ─ 라
<메기는 소리>
서 산 에 ─ ─ ─ 지 는 해 지 ─ 고 싫 어 서 지 ─ ─ ─ 느 ─ ─ 냐
날 ─ 버 ─ 리 고 가 신 님 ─ 가 고 야 싶 어 서 가 느 ─ 냐
<받는 소리>
에 ─ 에 헤 야 아 얼 ─ 마 좀 ─ 도 좋 ─ 다
얼 씨 구 야 ─ 야 지 화 자 ─ 내 사 랑 가 노 ─ 라

3장

우수영 부녀농요의 음악적 특징

3장
우수영 부녀농요의 음악적 특징

전남 해남군의 서부에 돌출한 화원반도에 위치한 우수영은 전라우도 수군절도영이 소재했던 곳으로 명량해전의 승전지로도 유명하다. 이 마을은 강강술래와 농요, 고싸움(용잽이놀이) 등 많은 민속놀이와 민요가 전승되는 지역으로도 유명하다. 또 진도군과 연결되는 지점에 있기 때문에 일부 민요에서는 진도와 동일 계열의 악곡을 노래하는 것도 발견된다. 조금 더 크게 확대하면 신안과 더불어 절로소리권으로 묶이는 전남의 서남해안권으로 볼 수 있다.

우수영 부녀농요는 부녀자들이 농사일을 하면서 부른 민요이다. 내용은 들에 나가면서 부르는 길꼬내기, 김매는소리, 도리깨질소리, 방애타령, 둥덩에타령, 들에서 들어오면서 부르는 길꼬내기 등으로 구성되어 있다. 김매기는 밭을 맬 때 부르는 노래이고, 도리깨질은 도리깨로 보리타작을 하면서, 방애타령은 방아를 찧으면서, 둥덩에타령은 일을 하다가 쉴 때 부르는 노래이다. 길꼬내기는 일을 하러 나가면서 부른 노래와 일을 마치고 집으로 돌아오면서 부른 노래의 두 가지가 있다.

남자들의 논농사노래가 모찌기-모심기-논매기의 전형적인 구성을 보이고 있는 것에 비해, 여자들의 일은 종류가 다양하고 개별적이어서 하나의 군으로 묶는 것이 쉽지 않다. 우수영의 부녀농요는 그런 개별적인 노래들을 묶어 놓은 것으로 일견 흐름이 자연스럽지 않을 수 있으나, 이와 같은 방식으로 다양한 민요들을 온전히 전승할 수 있었던 것이 참으로 다행스럽다고 생각된다.

우수영은 물[논]이 적어 예로부터 "시집가기 전까지에 쌀 서말 먹은 처녀 없다"는 말이 전해질 만큼 전형적인 밭농사 지역이었다. 그리고 이 지역 여자들은 "들에서 낳아 들에서 죽는다"는 말이 있을 정도로 밭농사를 전적으로 도맡아 하고 있다. 이처럼 밭을 골라 씨를 뿌리고 김을 매는 작업, 수확 후의 타작과 방아찧기에 이르는 대부분의 작업을 품앗이를 통해 해냈다고 한다.

이 항에서는 우수영 부녀농요의 악곡별 음악적 특징을 살펴보고 유사 악곡이 인근 지역에서 어떻게 전승되고 있는지 정리해 보려 한다.

1. 악곡별 특징

1) 길꼬내기

〈길꼬내기〉는 들로 나가면서 부르는 〈길꼬내기〉와 집으로 돌아오면서 부르는 〈길꼬내기〉의 두 곡이 있다. 〈길꼬내기〉는 '길군악'의 사투리 표현이다. 사당패의 길소리가 현지에 남아 민요화된 곡으로 인접한 진도 지역에서도 발견된다. 나가면서 부르는 〈길꼬내기〉는 '아하하하 에헤헤야 에헤헤헤헤헤에야 아아 허허 허허허 얼싸 지와자자 절싸 좋다'의 여음이 많은 받는소리를 사용하고 있다. 들어오면서 부르는 〈길꼬내기〉는 '에 에헤야 아 얼마 좀도 좋다 얼씨구 야아 지화자내 사랑 가노라'라는 받는소리를 부른다. 두 곡은 공히 사당패소리일 것으로 짐작되지만 동일 악곡은 아니다.

한 곡씩 악보를 통해 음악적 특징을 살펴보면 다음과 같다.

길꼬내기

들에 나가면서 부르는 길꼬내기

들에 나가면서 부르는 길꼬내기의 음계는 '솔라도레미'와 '미라시도'의 두 음계가 섞여 있다. 본래 사당패소리였을 때에는 솔선법을 사용했던 것이 남도의 육자배기토리와 섞이게 된 것으로 볼 수 있다. 동일한 노래가 진도에서도 발견되는데 비교해보면 다음과 같다.

진도 질꼬냉이(조공례 창)

해남의 〈길꼬내기〉는 받는소리와 메기는소리 공히 3소박 3박의 8장단인 경우가 대부분이며, 〈악보 1〉의 가사에서만 9장단을 메기고 있다. 그에 비해 진도의 〈질꼬냉이〉는 받는소리가 9장단이며, 오히려 메기는소리는 8장단으로 노래하고 있다. 두 곡의 선율을 살펴보면 큰 차이 없이 유사한 것을 확인할 수 있으며, 같은 곡을 조금 다르게 전승하고 있는 것이라 할 수 있다.

한편 해남 우수영의 남자들의 논농사소리에도 길꼬내기가 있는데, 비슷하지만 다르다. 비교해 보면 다음과 같다.

해남 우수영 들노래 중 길꼬내기

부녀농요와 동일한 가사에 대해 9장단이 아닌 11장단을 부르고 있으며 중반에 박이 부족한 장단이 발생하고 있다. 사당패소리의 특징 가운데 변박되는 현상이 있는데, 부녀농요보다 남자들의 노래에서 변박이 심하게 나타난다고 할 수 있다.

3소박 3박자의 장단은 보통 세마치, 또는 3소박 중모리 등으로 이야기하지만 질꼬내기에 사용된 장단은 세마치나 3소박 중모리와는 다른 것이다. 왜냐하면 세

마치나 3소박 중모리는 12박 단위로 악구가 형성되는데, 질꼬내기는 12박, 15박, 또는 그 이상으로 악구가 불규칙하게 형성되기 때문이다.

우수영 부녀농요에 전승되는 또 하나의 〈길꼬내기〉는 음계와 박자(장단) 등이 위의 길꼬내기와 전혀 다르다. 악보를 통해 살펴보면 다음과 같다.

들에서 들어오면서 부르는 길꼬내기

위의 악곡에서는 솔선법의 흔적은 거의 보이지 않고 육자배기토리로 되어 있다. 메기는소리의 첫 부분에서 '파#'이 사용되는데 이는 5도 위 변청 현상으로 볼 수 있다. 보통 판소리나 남도잡가와 같은 예술음악의 기법이 사용된 것으로 생각된다. 박자의 경우는 중중모리형이며 4장단을 메기고 4장단을 받는 것이 규칙적으로 반복되고 있다.

2) 김매는소리

김매기

부녀농요의 김매는소리는 밭을 매는 소리이다. 보통 밭을 맬 때에 단체로 노래를 부르는 일은 흔하지 않지만 우수영은 특별히 여러 사람이 메기고 받으며 함께 일을 하는 형태로 전승되고 있다. 김매는소리는 '아하하 에요 아하하하 하아아 하아 기와자 좋네'의 받는소리로 되어 있다.

김매는소리

이 곡은 중중모리장단형으로 되어 있으며 3장단을 메기고 3장단을 받는다. 간혹 2장단을 메기는 경우도 있지만 보통은 3장단 단위이다. 육자배기토리로 되어 있으며 꺾는 음을 중심으로 빈번히 움직이는 선율진행이 흥미롭다. 형식적인 면이나 선율 진행의 특징, '지화자 좋네'의 가사가 사용되는 점 등으로 보아서는 이 지역의 고유한 노래가 아닌 사당패소리의 영향이 남겨진 노래가 아닐까 짐작된다. 또 '아하아 에헤요'의 부분은 씻김굿 무가 중 천근소리의 진행선율이나 가사와 동일한 점도 주목해 볼만 하다.

3) 도리깨질소리

도리깨질소리는 보리타작을 하면서 부르는 노래로 '아하 훨아 허허 훨이 하이요'의 받는소리를 받는데, 다른 지역보다는 악구가 긴 것이 특징이다.

도리깨질

도리깨질소리

도리깨질소리는 박자가 독특한데, 받는소리는 4박과 3박, 총 7박을 받으며, 메기는 소리는 8박으로 메긴다. 또 메기는소리는 분명한 2소박 계열로 노래하는 것에 비해 받는소리는 3소박으로 부르고 있어서 서로 충돌된다.

한편 남자들의 농요 중에도 도리깨질소리가 있는데, 같은 유형의 악곡으로 보인다. 비교해 살펴보면 다음과 같다.

해남 우수영 들노래 중 도리깨질소리

악보를 살펴보면 남자들의 농요에 부르는 도리깨질소리는 메기는소리와 받는 소리가 모두 3소박으로 되어 있고, 약간 느린 자진모리형으로 2장단을 메기고 2장단을 받는 구조로 되어 있다. 남자들의 소리에서는 박자를 규칙적으로 맞추어 정리한 것이 아닌가 짐작된다.

4) 방애타령

방아놀이

방애타령은 '에양에양 에헤야아 어허어 이것이 방아로 구나 나지나 아하 나이 나이나이 나나이 나아 노다지 방아로고나'의 후렴을 붙여 부른다. 〈방애타령〉도

경기지역의 자진방아타령과 같은 계열의 악곡으로 역시 사당패와 같은 유랑집단에 의해 전파된 악곡으로 여겨진다. 본래 경토리로 된 사당패소리 계열이지만 남도화되어 있다.

방애타령

‘솔라도레미’의 경토리로 되어 있으며, 남도의 육자배기토리는 섞이지 않은 상태이다. 3소박 4박이지만 굿거리장단의 리듬꼴에 가깝다. 5장단을 받고, 3장단이나 4장단을 메긴다. 메기는소리의 길이가 불규칙한 점이 특이하다. 방애타령은 대표적인 사당패소리 계열 악곡이어서 여러 지역에서 전승되고 있다. 그 중 해남 우수영의 방애타령과 가장 유사한 방애타령은 진도와 신안 지역에서 발견된다.

진도의 방아타령은 6장단을 받고, 7장단을 메긴다. 해남의 방아타령과 받는소리의 가사는 일부 다르고, 메기는소리의 가사는 거의 동일하다. 하지만 해남의 방아타령이 메기는소리를 나누어 메기므로 위의 가사가 두 덩어리로 나뉘는 차이가 있다. 또 받는소리는 '에헤용 에헤용'으로 시작하는 부분이 다르고 '노자 좋다-'로 2장단을 길게 뻗는 부분이 메기는소리 앞 부분에 추가로 들어가 있다. 신안 장산도의 방아타령도 위와 동일한 계열로 볼 수 있는데, 진도와 더 비슷하다. 6장단을 받고 7장단을 메기며, '노자 좋다-' 부분이 있는 점, '에헤용 에헤용'의 받는소리로 시작하는 점 등이 모두 진도와 같다. 다만 박자가 조금 불규칙한 부분만이 다를 뿐이다.

〈표 2〉 진도와 신안의 방아타령

한편 방아타령은 우수영의 남자들의 들노래 가운데에도 들어가 있다. 그런데, 이 곡은 위의 방아타령과 약간 다른 곡이다.

해남 우수영 들노래 중 방아타령

'에라디야 하라 방홍애가 네로구나'의 받는소리도 다르다. 앞선 방아타령에 비하면 속도가 조금 더 빠른 자진모리형 장단이며, 2장단을 메기고 2장단을 받고 있어 〈자진방아타령〉으로 볼 수 있다. 흥미로운 점은 진도에는 앞선 표의 〈방아타령〉과 더불어 〈자진방아타령〉이 전승되고 있다는 점이다.

진도 자진방아타령(조공례 창)

진도의 자진방아타령과 완전히 일치하지는 않으나 자진모리장단형으로 되어 있다는 점과 장단 초반에 2소박 단위로 가사를 붙이는 붙임새 형태 등에서 유사점이 발견된다. 그동안 해남에서 방아타령만 전승되고 있는 것으로 알려졌으나 위의 자료를 통해 우수영 들노래에 자진방아타령이 있어 두 곡이 짝을 이룬다는 것을 새롭게 확인할 수 있다.

5) 둥덩에타령

둥덩에타령

둥덩에타령은 '둥덩에덩 둥덩에덩 덩기 둥덩에 둥덩에덩'으로 받는데, 메기는소리 끝 부분에도 '덩기 둥덩에 둥덩에덩'이 붙는 독특한 구조로 되어 있어서 여느 전남 지역 둥덩에타령보다는 복잡한 형태이다. 악보 일부를 살펴보면 다음과 같다.

둥덩에타령

둥덩에타령은 중중모리장단형이며 2장단을 받으며, 메기는소리는 불규칙하다. 3장단, 4장단, 5장단, 7장단 등 길이가 다양하게 메기고 있으며, 메기는 소리 끝 부분에 '덩기 둥덩에 둥덩에덩'의 가사를 1장단에 걸쳐 부른다. 특이한 점은 때로 이 부분을 부르지 않는 일도 있다는 점이다. 아마도 길이가 불규칙한 만큼 끝나는 지점을 받는소리를 하는 이들에게 알려주기 위한 목적으로 1장단을 붙이는 것으로 생각된다. 때로 그마저도 붙이지 않았던 사례는 실수이거나 4장단이 꼭 맞아 떨어져 가장 일반적인 길이였기 때문에, 또는 모두가 아는 가사였기 때문에 붙이지 않은 것이 아닌가 짐작된다.

둥덩에타령은 전남의 서남해안 지역의 가장 대표적인 민요로 그 형식이 매우 다양하고 불규칙하다. 하지만 불규칙한 메기는소리의 길이, 메기는소리의 끝에 1장단을 추가하는 점, 그리고 매우 화려한 선율 진행을 보이는 점 등이 상대적으로 다른 지역과 다른 해남의 특징이라 할 것이다.

2. 음악적 특징의 활용 가능성

이상에서 해남 우수영 부녀농요의 음악적 특징을 살펴보았다. 일반적으로 전남 지역의 부녀자들이 흔히 불러왔던 〈둥덩에타령〉과 같은 노래 이외에 사당패가 남긴 유희요들이 현지화돼 다수 남아 있는 관계로 다른 지역과 차별되는 음악적 세련성과 다양성을 구축한 부녀농요로 전승되고 있는 것이라 할 수 있다.

위에서 살펴 본 것과 같이 해남에는 많은 양의 사당패소리가 잘 전승되고 있다. 전승 상태가 좋은 것은 유입 시기가 비교적 근대에 가깝기 때문이기도 하다. 일부 악곡은 약간 남도화되어 음계가 섞이는 현상이 발견되지만 방애타령과 같이 솔선법 그대로 부르는 곡이 있는 것으로 보아 유입시기가 오래된 것은 아닐 것으로 보인다. 해남 우수영 부녀농요의 사당패소리와 유사한 각편들이 인접한 진도 밭매는소리와 신안 등지에서도 남아 있어서 비슷한 시기에 각 지역에 같은 유형의 소리가 전파된 것으로 여겨진다.

특별히 우수영 부녀농요에서 주목한 부분은 활방구와 같은 악기의 활용이다. 활방구는 박바가지를 엎어놓고 그 위에 미영탈 때 사용하던 활을 얹어 활의 줄을 튕겨 현악기처럼 사용하는 민속악기이다. 때로 함지박에 물을 담고 그 위에 박바가지를 엎어서 그것을 때리는 물방구를 사용하기도 하며, 물방구 위에 활을 다시 얹어 사용하기도 한다. 또 박바가지 아래쪽 물 위에 대접을 띄우고 그 안에 놋쇠 숟가락이나 가락지(반지)를 넣어 위에서 때리면 안에서 금속성의 소리가 찰랑거리는 소리가 함께 나도록 하기도 하며, 함지박이나 박바가지의 준비가 어려울 때에는 문풍지나 입에 활을 대고 튕기기도 한다. 공명통의 역할을 하는 다양한 도구를 활용하는 것으로 볼 수 있다. 이 같은 활방구나 물방구는 특히 길쌈을 하는 과정에 둥당애타령을 부르면서 많이 연주했다고 한다. 이러한 콘텐츠를 잘

활용하면 교육적으로도 유용하다. 실제 교과서[41]에서 둥당애타령에 물방구 만들어 연주하기 활동이 제시된 바 있어서 소개하면 다음과 같다.

교과서 속 둥덩에타령과 물방구 만들기 활동(천재교과서 4학년)

41 김애경 · 김혜정 외, 『음악』4학년, 천재교육, 2018.

우수영 부녀농요는 남도의 육자배기토리 민요에 사당패소리의 솔선법이 섞이면서 음악적으로 매우 흥미로운 선법과 리듬, 박자구조 등을 가진 악곡이 되어 있다. 일반적인 민요보다 세련된 특성들을 갖고 있어서 콘텐츠로 활용 가능성이 높은 곡들이라 할 수 있다. 이러한 소중한 민요 자산을 충실히 전승할 뿐 아니라 다양한 방법으로 알리고 활용 가능성을 넓혀 나가는 노력을 계속해야 할 것이다.

부록

1. 1986년 지춘상 녹음자료
2. 1980년대(추정) 동영상자료
3. 2003년 김혜정 녹음자료

부록

1. 1986년 지춘상 교수 녹음자료

○녹음날짜 : 1986년 8월 30일

○녹음장소 : 해남군 문내면 우수영

〈김매는소리〉

[메기는소리] 아하하 에요 아하하 하아아 하아 기와자 좋네

[받는소리] 아하하 에요 아하하 하아야 하아 기와자 좋네

[메] 저건너 묵은 밭에 쟁기 없어서 묵었는가 임자가 없어서 묵었는가

[받] 아하하 에요 아하하 하아아 하아 기와자 좋네

[메] 잘된데는 차조갈고 못된데는 모조 갈아

[받] 아하하 에요 아하하 하아아 하아 기와자 좋네

[메] 머리머리 돈부심어 돈부따는 저처자야

[받] 아하하 에요 아하하 하아아 하아 기와자 좋네

[메] 앞돌라라 앞매보자 뒷돌라라 뒷매보자

[받] 아하하 에요 아하하 하아아 하아 기와자 좋네

[메] 앞매 뒷매 곱다마는 니머리 끝에 디린댕기

[받] 아하하 에요 아하하 하아아 하아 기와자 좋네

[메] 공단이냐 비단이냐 공단이믄 뭣을 하고 비단이믄은 뭣을 할래

[받] 아하하 에요 아하하 하아아 하아 기와자 좋네
[메] 성님에는 성꽃피고 재님에는 재꽃피고
[받] 아하하 에요 아하하 하아아 하아 기와자 좋네
[메] 우리동네 총각들은 장개꽃이 만발했네
[받] 아하하 에요 아하하 하아아 하아 기와자 좋네
[메] 앞밭에는 꼬치심고 뒷밭에는 마늘심어
[받] 아하하 에요 아하하 하아아 하아 기와자 좋네
[메] 마늘꼬치 맵단불로 씨누야 같이도 매울소냐
[받] 아하하 에요 아하하 하아아 하아 기와자 좋네
[메] 호박너물이 능클 한들 동새 같이도 우멍하리
[받] 아하하 에요 아하하 하아아 하아 기와자 좋네
[메] 보리 까실이 꼿꼿한들 씨압씨 같이 꼿꼿하리
[받] 아하하 에요 아하하 하아아 하아 기와자 좋네
[메] 마늘꼬치 맵단불로 씨누야 같이도 매울소냐
[받] 아하하 에요 아하하 하아아 하아 기와자 좋네
[메] 우리 아배 노리개는 진담붓대가 노리개요
[받] 아하하 에요 아하하 하아아 하아 기와자 좋네
[메] 우리 엄매 노리개는 막내딸이 노리개요
[받] 아하하 에요 아하하 하아아 하아 기와자 좋네
[메] 우리 오빠 노리개는 책가우가 노리개요
[받] 아하하 에요 아하하 하아아 하아 기와자 좋네
[메] 우리 성님 노리개는 바늘꽁지가 노리개요
[받] 아하하 에요 아하하 하아아 하아 기와자 좋네
[메] 요내 나는 노리개는 연지분통이 노리개요
[받] 아하하 에요 아하하 하아아 하아 기와자 좋네

〈도리깨질소리〉

[메기는소리] 아하 훨아 허허 훨이 하이요

[받는소리] 아하 훨아 허허 훨이 하이요

[메] 쌀보린가 늘보린가 늑실늑실 쳐봅시다

[받] 아하 훨아 허허 훨이 하이요

[메] 넘어간다 넘어간다 돌깨꼭지 넘어간다

[받] 아하 훨아 허허 훨이 하이요

[메] 이팔청춘 젊은이들아 백발보고 웃지마라

[받] 아하 훨아 허허 훨이 하이요

[메] 어제 청춘 오날 백발 색발이 들었구나

[받] 아하 훨아 허허 훨이 하이요

[메] 여그도 땔고 저그도 땔고 고루고루 때려주소

[받] 아하 훨아 허허 훨이 하이요

[메] 산아 산아 홍백산아 비가오면 방죽산아

[받] 아하 훨아 허허 훨이 하이요

[메] 산아 산아 백두산아 눈이 오면 흔득산아

[받] 아하 훨아 허허 훨이 하이요

[메] 이 보리를 어서쳐서 나라 봉양 허여보세

[받] 아하 훨아 허허 훨이 하이요

〈방애타령〉

[메기는소리] 에양에양 에헤야 어어 이것이 방아로고나
나지나아 아하 나이나이나이 나나이 나아 노다지 방아로고~나

[받는소리] 에양에양 에헤야 어어 이것이 방아로고나
나지나아 아하 나이나이나이 나나이 나아 노다지 방아로고~나

[메] 노자 강변에 비둘기 한 쌍이 물콩 하나를 물어다가

[받] 에양에양 에헤야 어어 이것이 방아로고나
나지나아 아하 나이나이나이 나나이 나아 노다지 방아로고~나
[메] 암놈은 물어 숫놈 주고 숫놈은 물어서 암놈주고
[받] 에양에양 에헤야 어어 이것이 방아로고나
나지나아 아하 나이나이나이 나나이 나아 노다지 방아로고~나
[메] 암놈숫놈 어우는 소리 청청 과부가 지둥을 잡고서 도~온다
[받] 에양에양 에헤야 어어 이것이 방아로고나
나지나아 아하 나이나이나이 나나이 나아 노다지 방아로고~나
[메] 또랑 또랑 백새또랑 여자복송에 심었더니
[받] 에양에양 에헤야 어어 이것이 방아로고나
나지나아 아하 나이나이나이 나나이 나아 노다지 방아로고~나
[메] 가지는 뻗어서 이방이요 뿌리는 뻗어서 성장이라
[받] 에양에양 에헤야 어어 이것이 방아로고나
나지나아 아하 나이나이나이 나나이 나아 노다지 방아로고~나
[메] 머물었다 피는 꽃은 기생에 태도로고~나
[받] 에양에양 에헤야 어어 이것이 방아로고나
나지나아 아하 나이나이나이 나나이 나아 노다지 방아로고~나

〈둥덩에타령〉

[메기는소리] 둥덩에-덩 둥덩에-당 덩기 둥덩에 둥덩에-덩
[받는소리] 둥덩에-덩 둥덩에-당 덩기 둥덩에 둥덩에-덩
[메] 가-간다 나는 가 가-간다 나는 가
정든님 따라서 내돌아간다 덩기-둥덩에 둥덩에덩
[받] 둥덩에-덩 둥덩에-당 덩기 둥덩에 둥덩에-덩
[메] 씨압시 술값은 홑닷냥 메느리 술값은 열닷냥
선달 금날이 뚝닥친게 씨압씨 상투가 싹없어진다 덩기 둥덩에 둥덩에덩

[받] 둥덩에-덩 둥덩에-당 덩기 둥덩에 둥덩에-덩

[메] 둥덩에 샘으로 물질러갔다 통꽉지장단에 어깨춤친다 덩기-둥덩에 둥덩에덩

[받] 둥덩에-덩 둥덩에-당 덩기 둥덩에 둥덩에-덩

[메] 둥 덩에덩에 둥 덩에덩에 덩기 둥덩에 둥덩에덩

[받] 둥덩에-덩 둥덩에-당 덩기 둥덩에 둥덩에-덩

[메] 이십년차 기리던 님을 꿈에 잠깐 보이길래
만단정회만 할랬더니 아사리 캉캉 개소리에 깜짝놀라 일어나니
임은 간곳 전이 없고 등잔에 촛불만 간들아진다 덩기 둥덩에 둥덩에덩

[받] 둥덩에-덩 둥덩에-당 덩기 둥덩에 둥덩에-덩

[메] 육구육구 유자나무 백년새가 앉아 울어
저기 가는 저각시야 백년새 잔 날켜주라 내가 날켜 날아갈까
제가 절로 날아를 간다 덩기 둥덩에 둥덩에덩

[받] 둥덩에-덩 둥덩에-당 덩기 둥덩에 둥덩에-덩

[메] 둥 덩에덩에 둥 덩에덩에 덩기 둥덩에 둥덩에덩

[받] 둥덩에-덩 둥덩에-당 덩기 둥덩에 둥덩에-덩

[메] 둥덩에-덩 둥덩에-당 덩기 둥덩에 둥덩에-덩

[받] 둥덩에-덩 둥덩에-당 덩기 둥덩에 둥덩에-덩

[메] 내러온다 내러온다 유 윤선이 내러온다
쌍고동틀고 외고동틀면 거덜 기리고 내러온다

[받] 둥덩에-덩 둥덩에-당 덩기 둥덩에 둥덩에-덩

[메] 둥 덩에덩에 둥 덩에덩에 덩기 둥덩에 둥덩에덩

[받] 둥덩에-덩 둥덩에-당 덩기 둥덩에 둥덩에-덩

[메] 둥덩에 샘으로 물질러갔다 통꽉지장단에 어깨춤친다 덩기-둥덩에 둥덩에덩

[받] 둥덩에-덩 둥덩에-당 덩기 둥덩에 둥덩에-덩

연아 연아 진두연아 진두하고 몬들연아
한삼모시 석자시치 오른손에 감아쥐고
녹진아 나루를 건너를 갈제 어느나 친구가 날찾아 올까 덩기 둥덩
에 둥덩에 덩

[받] 둥덩에-덩 둥덩에-당 덩기 둥덩에 둥덩에-덩

[메] 야양도 강에는 나 나룻배 떳는데
내 술잔 간데는 지와만 떴다 덩기 둥덩에 둥덩에 덩

[받] 둥덩에-덩 둥덩에-당 덩기 둥덩에 둥덩에-덩

〈길꼬내기〉

[메기는소리] 아-아-아 헤헤 헤-야 헤헤 헤헤 헤헤 헤-야
아-허어허 허이허 얼사 기와자자 절사 좋다

[받는소리] 아-아-아 헤헤 헤-야 헤헤 헤헤 헤헤 헤-야
아-허어허 허어허 얼사 기와자자 절사 좋다

[메] 사람이 살며는 몇 백년 허허허 사느냐
죽음에 들어서 얼싸 남녀 노소가 허허허 없다네

[받] 아-아-아 헤헤 헤-야 헤헤 헤헤 헤헤 헤-야
아-허이허 허어허 얼사 기와자자 절사 좋다

[메] 바람아 퉁탱탱 허허허 불어라
중풍 낙엽에 얼싸 떨어 허허허 지이힌다

[받] 아-아-아 헤헤 헤-야 헤헤 헤헤 헤헤 헤-야
아-허이허 허어허 얼사 기와자자 절사 좋다

[메] 저건너 갈미봉에 비가 담뿍 몰아오는데
우장을 두루고 얼사 지심을 허허허 매에세

[받] 아-아-아 헤헤 헤-야 헤헤 헤헤 헤헤 헤-야
아-허이허 허어허 얼사 기와자자 절사 좋다

[메] 물밑에 잉어는 굼실굼실 허허허 노는데
이리굼실 저리굼실 얼사 술 한 잔 감으로 허허허 논다
[받] 아-아-아 헤헤 헤-야 헤헤 헤헤 헤헤 헤-야
아-허이허 허어허 얼사 기와자자 절사 좋다

〈김매는소리〉

[메기는소리] 아하하 에요 아하하 하아아 하아 기와자 좋네
[받는소리] 아하하 에요 아하하 하아야 하아 기와자 좋네
[메] 씨압씨 방구는 호령방구 씨엄씨 방구는 살림방구
[받] 아하하 에요 아하하 하아아 하아 기와자 좋네
[메] 도령님 방구는 나팔방구 씨누 방구는 새침방구
[받] 아하하 에요 아하하 하아아 하아 기와자 좋네
[메] 메느리 방구는 조심방구 서방님 방구는 남방구요
[받] 아하하 에요 아하하 하아아 하아 기와자 좋네

[메] 아하하 에요 아하하 하아아 하아 기와자 좋네
[받] 아하하 에요 아하하 하아아 하아 기와자 좋네
[메] 시시때야 시망구야 맘에 동동 울어매야
[받] 아하하 에요 아하하 하아아 하아 기와자 좋네
[메] 어느 골과 이별하고 날크는줄을 모르는가
[받] 아하하 에요 아하하 하아아 하아 기와자 좋네
[메] 널 크는 줄은 안다만은 가고잡어 내가 갔냐
[받] 아하하 에요 아하하 하아아 하아 기와자 좋네
[메] 차마 서러 내가나 갔네
[받] 아하하 에요 아하하 하아아 하아 기와자 좋네
[메] 하늘에다 베틀놓고 구름잡어 잉애걸고

[받]　아하하 에요 아하하 하아아 하아 기와자 좋네
[메]　참나무에 보두집에 비자나무 북에다가
[받]　아하하 에요 아하하 하아아 하아 기와자 좋네
[메]　얼그당 절그당 짜는 베는 언제 다짜고 친정에 갈까
[받]　아하하 에요 아하하 하아아 하아 기와자 좋네
[메]　아하하 에요 아하하 하아아 하아 기와자 좋네
[받]　아하하 에요 아하하 하아아 하아 기와자 좋네
[메]　양에양에 양님이는 시집가기를 원하더니
[받]　아하하 에요 아하하 하아아 하아 기와자 좋네
[메]　바느질을 하락하여 귀한지름 불을 키고
[받]　아하하 에요 아하하 하아아 하아 기와자 좋네
[메]　섬뉘비고 침뉘비고 소매 반동을 다뉘빈께
[받]　아하하 에요 아하하 하아아 하아 기와자 좋네
[메]　아리깡에 개가 짖고 건너 깡에는 닭이 울어
[받]　아하하 에요 아하하 하아아 하아 기와자 좋네
[메]　잠이 올아 잠잤드니 씨아버니 호령소리
[받]　아하하 에요 아하하 하아아 하아 기와자 좋네
[메]　씨어머니 개걸소리 에라 이것 못살겄네
[받]　아하하 에요 아하하 하아아 하아 기와자 좋네
[메]　공과낙수를 들쳐메고 비내재를 넘어가서
[받]　아하하 에요 아하하 하아아 하아 기와자 좋네
[메]　졸복이나 낚아다가 짚불에다가 구워먹고
[받]　아하하 에요 아하하 하아아 하아 기와자 좋네
[메]　잠듯이나 죽어지세
[받]　아하하 에요 아하하 하아아 하아 기와자 좋네
[메]　병이 났네 병이 났네 혼자 부모가 병이 났네

[받]	아하하 에요 아하하 하아아 하아 기와자 좋네
[메]	건너 약방에 건너가서 약한 첩을 끊어다가
[받]	아하하 에요 아하하 하아아 하아 기와자 좋네
[메]	잉글잉글 숯불에다 약탕간에 약을 데려
[받]	아하하 에요 아하하 하아아 하아 기와자 좋네
[메]	문을 열고 들어서니 해도 지자 달도 지자
[받]	아하하 에요 아하하 하아아 하아 기와자 좋네
[메]	우리 엄매 숨도 지자 가고 가고 아주 갔네
[받]	아하하 에요 아하하 하아아 하아 기와자 좋네

〈도리깨질소리〉

[메기는소리] 아하 훨아 허허 훨이 하이요
[받는소리] 아하 훨아 허허 훨이 하이요
[메]	쌀보린가 늘보린가 늑실늑실 쳐봅시다
[받]	아하 훨아 허허 훨이 하이요
[메]	여그도 땔고 저그도 땔고 고루고루 때려주소
[받]	아하 훨아 허허 훨이 하이요
[메]	달떠온다 달떠온다 각성방에 달떠온다
[받]	아하 훨아 허허 훨이 하이요
[메]	각성방은 어디가고 저 달뜬줄 모르는가
[받]	아하 훨아 허허 훨이 하이요
[메]	넘어간다 넘어간다 돌깨꼭지 넘어간다
[받]	아하 훨아 허허 훨이 하이요
[메]	산아 산아 옥매산아 비가오면 방죽산아
[받]	아하 훨아 허허 훨이 하이요
[메]	산아 산아 백두산아 눈이 오면 흔득산아

[받] 아하 훨아 허허 훨이 하이요

[메] 이팔청춘 소년들아 백발보고 웃지마라

[받] 아하 훨아 허허 훨이 하이요

[메] 어제 청춘 오날 백발 백발이 가까워지네

[받] 아하 훨아 허허 훨이 하이요

[메] 여그도 땔고 저그도 땔고 고루고루 때려주소

[받] 아하 훨아 허허 훨이 하이요

[메] 이 보리를 어서 쳐서 나라 봉양 허여보세

[받] 아하 훨아 허허 훨이 하이요

[메] 이 보리를 어서 쳐서 부모 봉양 허여보세

[받] 아하 훨아 허허 훨이 하이요

[메] 아하 훨아 허허 훨이 하이요

[받] 아하 훨아 허허 훨이 하이요

[메] 저건네 김서방은 밥만 먹고 똥만싸네

[받] 아하 훨아 허허 훨이 하이요

[메] 저건네 박서방은 꾀만 꾀만 피리누네

[받] 아하 훨아 허허 훨이 하이요

[메] 오동추야 달밝은데 임생각이 절로 나네

[받] 아하 훨아 허허 훨이 하이요

[메] 사랑밑에 사랑꽂은 저 꽂이 아름답네

[받] 아하 훨아 허허 훨이 하이요

[메] 사랑밑에 저 꽂은 우리 나라 제일상에

[받] 아하 훨아 허허 훨이 하이요

[메] 아하 훨아 허허 훨이 하이요

[받] 아하 훨아 허허 훨이 하이요

[메] 꽂아 꽂아 처녀꽂아 보고잡은 처녀꽂아

[받] 아하 훨아 허허 훨이 하이요
[메] 이 때는 어느땐가 녹음방초 시절이라
[받] 아하 훨아 허허 훨이 하이요
[메] 장안에 호걸들과 각걸 잔이나 건들하여
[받] 아하 훨아 허허 훨이 하이요
[메] 각길 멋대로 못오는다 훠라훠라 못오는다
[받] 아하 훨아 허허 훨이 하이요
[메] 여그도 때리고 저그도 때리고 윽신윽신 때려주소
[받] 아하 훨아 허허 훨이 하이요
[메] 헛반데는 땔지 말고 보리보리 때려주소
[받] 아하 훨아 허허 훨이 하이요
[메] 꼬방꼬방 장꼬방은 맨발벗고 샘에 가야
[받] 아하 훨아 허허 훨이 하이요
[메] 곁논 폴아 신사주리 텃밭폴아 중사주리
[받] 아하 훨아 허허 훨이 하이요
[메] 신도 싫고 중도 싫고 오동나무 농에다가
[받] 아하 훨아 허허 훨이 하이요
[메] 가진장석 걸어놓고 날과 같은 님사주게
[받] 아하 훨아 허허 훨이 하이요
[메] 이붓엄매 엄매랑가 이붓아배 아배랑가
[받] 아하 훨아 허허 훨이 하이요
[메] 옹차리가 노일랑가 잠든 밭이 밭일란가
[받] 아하 훨아 허허 훨이 하이요
[메] 동자는 어디두고 흰창으로 나를 본가
[받] 아하 훨아 허허 훨이 하이요
[메] 호절이 밥바꾸리 밥을 기래 못살겄네

[받]　아하 훨아 허허 훨이 하이요
[메]　손에 손은 어따두고 발에 발로 나를 친가
[받]　아하 훨아 허허 훨이 하이요
[메]　장롱에다 옷을 두고 옷을 기래 못살겠네
[받]　아하 훨아 허허 훨이 하이요
[메]　아하 훨아 허허 훨이 하이요
[받]　아하 훨아 허허 훨이 하이요
[메]　이보리를 어서 쳐서 올가을에 장개보내주소
[받]　아하 훨아 허허 훨이 하이요
[메]　꼬방꼬방 장꼬방에 지추닷말 심었더니
[받]　아하 훨아 허허 훨이 하이요
[메]　우리 동생 연엽이가 지추담배 빼어께놔라
[받]　아하 훨아 허허 훨이 하이요
[메]　지추닷말 다캤는데 여그도 땔고 저그도 땔고
[받]　아하 훨아 허허 훨이 하이요
[메]　아하 훨아 허허 훨이 하이요
[받]　아하 훨아 허허 훨이 하이요
[메]　천장만장 털파머리 수시비단 꽃이 피어
[받]　아하 훨아 허허 훨이 하이요
[메]　그꽃 한쌍 끊어다가 임의 버선 볼을 걸어
[받]　아하 훨아 허허 훨이 하이요
[메]　임을 보고 보신보니 임줄생각 전이없네
[받]　아하 훨아 허허 훨이 하이요
[메]　임의 동숭 씨아제야 너야 신고 공부가세
[받]　아하 훨아 허허 훨이 하이요
[메]　임아 임아 정든 임아 임줄라고 샐긴 보신

[받] 아하 휠아 허허 휠이 하이요

[메] 임을 안 주믄 누구를 줄까 임을 주제 임을 주어

[받] 아하 휠아 허허 휠이 하이요

[메] 아하 휠아 훠어어 이화요

[받] 아하 휠아 허허 휠이 하이요

[메] 서산에는 해가 지고 이 밭을 언제 맬까

[받] 아하 휠아 허허 휠이 하이요

[메] 부지런히 매왔어도 오늘도 다못매네

[받] 아하 휠아 허허 휠이 하이요

[메] 이 때는 어느때냐 녹음방초 시절이라

[받] 아하 휠아 허허 휠이 하이요

[메] 장안에 호걸들과 각기 멋대로 모두 논다

[받] 아하 휠아 허허 휠이 하이요

〈방애타령〉

[메기는소리] 에양에양 에헤야 어어 이것이 방아로고나
나지나아 아하 나이나이나이 나나이 나아 노다지 방아로고~나

[받는소리] 에양에양 에헤야 어어 이것이 방아로고나
나지나아 아하 나이나이나이 나나이 나아 노다지 방아로고~나

[메] 노자강변에 비둘기 한 쌍이 물콩 하나를 물어다가

[받] 에양에양 에헤야 어어 이것이 방아로고나
나지나아 아하 나이나이나이 나나이 나아 노다지 방아로고~나

[메] 암놈은 물어 숫놈 주고 숫놈은 물어서 암놈주고

[받] 에양에양 에헤야 어어 이것이 방아로고나
나지나아 아하 나이나이나이 나나이 나아 노다지 방아로고~나

[메] 암놈숫놈 어우는 소리 청청 과부가 지둥을 잡고서 논다

[받] 에양에양 에헤야 어어 이것이 방아로고나

나지나아 아하 나이나이나이 나나이 나아 노다지 방아로고~나

[메] 또랑 또랑 백새또랑 여자복송에 심었더니

[받] 에양에양 에헤야 어어 이것이 방아로고나

나지나아 아하 나이나이나이 나나이 나아 노다지 방아로고~나

[메] 뿌리는 뻗어서 이방이요 가지는 뻗어서 성장이라

[받] 에양에양 에헤야 어어 이것이 방아로고나

나지나아 아하 나이나이나이 나나이 나아 노다지 방아로고~나

[메] 머물었다 피는 꽃은 기생에 태도로고~나

[받] 에양에양 에헤야 어어 이것이 방아로고나

나지나아 아하 나이나이나이 나나이 나아 노다지 방아로고~나

[메] 못할래라 못할래라 남에 기집을 못할래라

[받] 에양에양 에헤야 어어 이것이 방아로고나

나지나아 아하 나이나이나이 나나이 나아 노다지 방아로고~나

[메] 거러 앉어라 저리 앉어라 남에 기집을 못할래라

[받] 에양에양 에헤야 어어 이것이 방아로고나

나지나아 아하 나이나이나이 나나이 나아 노다지 방아로고~나

[메] 원수여리 북장고소리에 초매를 잡고서 논다

[받] 에양에양 에헤야 어어 이것이 방아로고나

나지나아 아하 나이나이나이 나나이 나아 노다지 방아로고~나

[메] 이 방아가 쌀방아냐 물방아냐 방아로 고나

[받] 에양에양 에헤야 어어 이것이 방아로고나

나지나아 아하 나이나이나이 나나이 나아 노다지 방아로고~나

[메] 이 방아가 누방아냐 전라도 부자 방아로세

[받] 에양에양 에헤야 어어 이것이 방아로고나

나지나아 아하 나이나이나이 나나이 나아 노다지 방아로고~나

〈둥덩에타령〉

[메기는소리] 둥덩에-덩 둥덩에-당 덩기 둥덩에 둥덩에-덩

[받는소리] 둥덩에-덩 둥덩에-당 덩기 둥덩에 둥덩에-덩

[메] 둥덩에 샘으로 물질러갔다 통꼭지장단에 어깨춤친다 덩기-둥덩에

[받] 둥덩에-덩 둥덩에-당 덩기 둥덩에 둥덩에-덩

[메] 사-산골짝 비둘기 사-산골짝비둘기
삼천만 잡고서 왜뱅뱅돈다 덩기-둥덩에 둥덩에-덩

[받] 둥덩에-덩 둥덩에-당 덩기 둥덩에 둥덩에-덩

[메] 내려온다 내려온다 유 윤선이 내려온다
검고도 붉은 것이 거덜 기리고 내려온다

[받] 둥덩에-덩 둥덩에-당 덩기 둥덩에 둥덩에-덩

[메] 씨압시 술값은 홑닷냥 메느리 술값은 열닷냥
섣달 금날이 뚝닥친게 씨압씨 상투가 싹없어진다 덩기 둥덩에 둥덩에덩

[받] 둥덩에-덩 둥덩에-당 덩기 둥덩에 둥덩에-덩

[메] 야양도 강에는 나 나룻배 떴는데
내 술잔 간데는 지와만 떴다 덩기 둥덩에 둥덩에 덩

[받] 둥덩에-덩 둥덩에-당 덩기 둥덩에 둥덩에-덩

[메] 솜버신 솜버신 외왹양목 솜버신
너하기 싫으면 말일이제 등잔에 촛꽂이 생고생 시킨다 덩기 둥덩에
둥덩에덩

[받] 둥덩에-덩 둥덩에-당 덩기 둥덩에 둥덩에-덩

[메] 가 간다 나는 가 가 간다 나는 가
정칠놈 따라서 내돌아 간다 덩디 둥덩에 둥덩에 덩

[받] 둥덩에-덩 둥덩에-당 덩기 둥덩에 둥덩에-덩

[메] 검은 줄 검은 줄 오중에 넉판에 검은 줄
줄만에 걸어도 소리만 잘난다 덩기 둥덩에 둥덩에덩

[받] 둥덩에-덩 둥덩에-당 덩기 둥덩에 둥덩에-덩

[메] 연아 연아 진두연아 진두하고 몬들연아

한삼모시 석자시치 오른손에 감아쥐고

녹진아 나루를 건너를 갈제 어느나 친구가 날찾아 올까 덩기 둥덩에 둥덩에 덩

[받] 둥덩에-덩 둥덩에-당 덩기 둥덩에 둥덩에-덩

[메] 야양도 강에는 빠 빠루가 떴는데

외고동 틀고 내고동 틀고 거덜기리고 내려온다

[받] 둥덩에-덩 둥덩에-당 덩기 둥덩에 둥덩에-덩

[메] 둥덩에 샘으로 물질러갔다 통꼭지장단에 어깨춤친다 덩기-둥덩에

[받] 둥덩에-덩 둥덩에-당 덩기 둥덩에 둥덩에-덩

[메] 둥 덩에덩에 둥 덩에덩에 덩기 둥덩에 둥덩에 덩

[받] 둥덩에-덩 둥덩에-당 덩기 둥덩에 둥덩에-덩

[메] 오란다네 오란다네 재넘어 본지가 오란다네

뭣하자고 오란단가 은절미 놋접시 엿붓어놓고 혼자묵기 개심심한게

단둘이 묵자고 날오란다네 덩기 둥덩에 둥덩에 덩

[받] 둥덩에-덩 둥덩에-당 덩기 둥덩에 둥덩에-덩

〈길꼬내기〉

[메기는소리] 아-아-아 헤헤 헤-야 헤헤 헤헤 헤헤 헤-야

아-허어허 허이허 얼사 기와자자 절사 좋다

[받는소리] 아-아-아 헤헤 헤-야 헤헤 헤헤 헤헤 헤-야

아-허어허 허어허 얼사 기와자자 절사 좋다

[메] 가노라 간다네 내가 돌아서 허허허 간다

정든 님 따라서 헐싸 내가 돌아서 허허허 간다

[받] 아-아-아 헤헤 헤-야 헤헤 헤헤 헤헤 헤-야

아-허이허 허어허 얼사 기와자자 절사 좋다

[메] 물밑에 잉어는 굼실굼실 허허허 노는데
이리굼실 저리굼실 얼사 술 한 잔 감으로 허허허 논다

[받] 아-아-아 헤헤 헤-야 헤헤 헤헤 헤헤 헤-야
아-허이허 허어허 얼사 기와자자 절사 좋다

[메] 저건너 갈미봉에 비가 담뿍 몰아오는데
우장을 두루고 얼사 지심을 허허허 매에세

[받] 아-아-아 헤헤 헤-야 헤헤 헤헤 헤헤 헤-야
아-허이허 허어허 얼사 기와자자 절사 좋다

[메] 바람아 퉁탱탱 허허허 불어라
중풍 낙엽에 얼싸 떨어 허허허 지이힌다

[받] 아-아-아 헤헤 헤-야 헤헤 헤헤 헤헤 헤-야
아-허이허 허어허 얼사 기와자자 절사 좋다

〈길꼬내기〉 - 들어오면서 부르는 소리

[메기는소리] 에-헤 헤-야 아-얼마 좀도좋다 얼시구 야이야 기와자 내사랑 가노라

[받는소리] 에-헤 헤-야 아-얼마 좀도좋다 얼시구 야이야 기와자 내사랑 가노라

[메] 떳다 보아라 비 비행기가 아니냐 공회당 지붕머리 배가 뱅뱅 돈다

[받] 에-헤 헤-야 아-얼마 좀도좋다 얼시구 야이야 기와자 내사랑 가노라

[메] 간다 못간다 어-얼마나 울어 정거장 마당이 에로아 한강수 되노라

[받] 에-헤 헤-야 아-얼마 좀도좋다 얼시구 야이야 기와자 내사랑 가노라

[메] 일락 서산에 해는 뚝떨어지고 월추야 동산에 달만 솟아서 오누나

[받] 에-헤 헤-야 아-얼마 좀도좋다 얼시구 야이야 기와자 내사랑 가노라

[메] 씨엄씨 죽으라고 고 공들여 놓고온게 친정엄매 죽었다고 저전보가 왔다네

[받] 에-헤 헤-야 아-얼마 좀도좋다 얼시구 야이야 기와자 내사랑 가노라

[메] 씨압씨 죽기를 워 원했더니 맨발 벗고 샘에간께 씨압시 생각이 난다네

[받] 에-헤 헤-야 아-얼마 좀도좋다 얼시구 야이야 기와자 내사랑 가노라

[메] 씨엄씨 죽으라고 두손모아서 빌었더니 보리방애 물붓은께 씨엄씨 생각이 난다네

[받] 에-헤 헤-야 아-얼마 좀도좋다 얼시구 야이야 기와자 내사랑 가노라

[메] 일락 서산에 해는 떨어지고 우리님 가신님은 가고 싶어서 가느냐

[받] 에-헤 헤-야 아-얼마 좀도좋다 얼시구 야이야 기와자 내사랑 가노라

[메] 아서라 말어라 니가 그리를 말어라 니얼굴 잘났다고 사람의 괄세를 말어라

[받] 에-헤 헤-야 아-얼마 좀도좋다 얼시구 야이야 기와자 내사랑 가노라

[메] 니가 잘나 내가 잘나 거 뉘가 잘났냐 은앙수 곳간에 천원짜리가 잘났네

[받] 에-헤 헤-야 아-얼마 좀도좋다 얼시구 야이야 기와자 내사랑 가노라

[메] 노무네 서방님은 기차전차를 타는데 우리집 저잡것 논두렁만 탄다네

[받] 에-헤 헤-야 아-얼마 좀도좋다 얼시구 야이야 기와자 내사랑 가노라

[메] 갈길이 바빠서 하하 하야를 갔더니 운전수 기사가 여 연애만 하잔다

[받] 에-헤 헤-야 아-얼마 좀도좋다 얼시구 야이야 기와자 내사랑 가노라

[메] 쳐다 보아라 마 만학의 천봉 내려 굽어보니 백사장이로다

[받] 에-헤 헤-야 아-얼마 좀도좋다 얼시구 야이야 기와자 내사랑 가노라

[메] 날씨가 좋아 빨래를 갔더니 무지한놈 만나서 독박 비개를 비었네

[받] 에-헤 헤-야 아-얼마 좀도좋다 얼시구 야이야 기와자 내사랑 가노라

[메] 저건네 저가시나 눈 눈매를 보아라 거 겉눈만 감고서 에루아 속눈만 떴구나

[받] 에-헤 헤-야 아-얼마 좀도좋다 얼시구 야이야 기와자 내사랑 가노라

[메] 머시마 못된 것 꼿막을 빻구요 가시나 못된 것 속 속곳밑 빻노라

[받] 에-헤 헤-야 아-얼마 좀도좋다 얼시구 야이야 기와자 내사랑 가노라

[메] 저건네 저가시나 아 앞가심 보아라 연출없는 수박이 두 두통이 널었네

[받] 에-헤 헤-야 아-얼마 좀도좋다 얼시구 야이야 기와자 내사랑 가노라
[메] 저건네 저가시나 어 어푸러 져라 이 일세나 준데끼 보보듬아 보자
[받] 에-헤 헤-야 아-얼마 좀도좋다 얼시구 야이야 기와자 내사랑 가노라
[메] 에하 못간다 어-얼마나 울어 정거장 마당이 에로아 한강수 되노라
[받] 에-헤 헤-야 아-얼마 좀도좋다 얼시구 야이야 기와자 내사랑 가노라
[메] 니가 날만큼 사 사랑을 한다면 가시발 천리라도 맨발벗고 오리다
[받] 에-헤 헤-야 아-얼마 좀도좋다 얼시구 야이야 기와자 내사랑 가노라
[메] 간다 간다 내 돌아 간다 정칠놈 따라서 내가 돌아 간다
[받] 에-헤 헤-야 아-얼마 좀도좋다 얼시구 야이야 기와자 내사랑 가노라
[메] 씨엄씨 죽었다고 춤춤이나 쳤더니 보리방애 물불은게 씨압씨 생각이 난구나
[받] 에-헤 헤-야 아-얼마 좀도좋다 얼시구 야이야 기와자 내사랑 가노라
[메] 씨압씨 죽었다고 — 춤이나 쳤더니 맨발벗고 샘에 간게 씨압씨 생각이 난구나
[받] 에-헤 헤-야 아-얼마 좀도좋다 얼시구 야이야 기와자 내사랑 가노라
[메] 열두살 묵은 것이 기기생이라고 폴목만 잡어도 돈내라고만 한다네
[받] 에-헤 헤-야 아-얼마 좀도좋다 얼시구 야이야 기와자 내사랑 가노라
[메] 수양집 딸년아 무문열어라 000 제끼에 에루아 돈나간단다
[받] 에-헤 헤-야 아-얼마 좀도좋다 얼시구 야이야 기와자 내사랑 가노라
[메] 달밤에 달이 밝아 빨래 하러를 갔더니 못된놈 만나서 독박비게를 비었네
[받] 에-헤 헤-야 아-얼마 좀도좋다 얼시구 야이야 기와자 내사랑 가노라
[메] 세월아 가지마라 이내 청춘이 다늙어간다 얼씨구 야야 기와자 내사랑 가노라
[받] 에-헤 헤-야 아-얼마 좀도좋다 얼시구 야이야 기와자 내사랑 가노라
[메] 떳네 떳네 무 무엇이 떴느냐 씨아버지 요강에 똥덩어리가 떳구나
[받] 에-헤 헤-야 아-얼마 좀도좋다 얼시구 야이야 기와자 내사랑 가노라

2. 1980년대(추정) 동영상자료

〈첫째마당 부녀농요 길고내기(들에 나가면서 부르는 농요)〉

[메기는소리] 아-아-아 헤헤 헤-야 헤헤 헤헤 헤헤 헤-야
아-허어허 허이허 얼사 기와자자 절사 좋다

[받는소리] 아-아-아 헤헤 헤-야 헤헤 헤헤 헤헤 헤-야
아-허어허 허어허 얼사 기와자자 절사 좋다

[메] 저건너 갈미봉에 비가 담뿍 몰아오는데
우장을 두루고 얼사 지심을 허허허 매에세

[받] 아-아-아 헤헤 헤-야 헤헤 헤헤 헤헤 헤-야
아-허이허 허어허 얼사 기와자자 절사 좋다

[메] 물밑에 잉어는 굼실굼실 허허허 노는데
이리굼실 저리굼실 얼사 술 한 잔 감으로 허허허 논다

[받] 아-아-아 헤헤 헤-야 헤헤 헤헤 헤헤 헤-야
아-허이허 허어허 얼사 기와자자 절사 좋다

[전체 인사]

[메] 아-아-아 헤헤 헤-야 헤헤 헤헤 헤헤 헤-야
아-허이허 허어허 얼사 기와자자 절사 좋다

[받] 아-아-아 헤헤 헤-야 헤헤 헤헤 헤헤 헤-야
아-허이허 허어허 얼사 기와자자 절사 좋다

〈둘째마당 김매기 소리(김을 매면서 부르는 노래)〉

[메기는소리] 아하하 에요 아하하 하아아 하아 기와자 좋네

[받는소리] 아하하 에요 아하하 하아야 하아 기와자 좋네

[메] 저건너 묵은 밭에 쟁기 없어서 묵었는가 임자가 없어서 묵었는가

[받] 아하하 에요 아하하 하아아 하아 기와자 좋네

[메] 잘된데는 차조갈고 못된데는 모조 갈아 머리머리 돈부심어
[받] 아하하 에요 아하하 하아아 하아 기와자 좋네
[메] 돈부따는 저처자야 앞돌라라 앞매보자 뒷돌라라 뒷매보자
[받] 아하하 에요 아하하 하아아 하아 기와자 좋네
[메] 앞매 뒷매 곱다마는 니머리 끝에 디린댕기 공단이냐 비단이냐
[받] 아하하 에요 아하하 하아아 하아 기와자 좋네
[메] 공단이믄 뭣을 하고 비단이믄은 뭣을 할래
[받] 아하하 에요 아하하 하아아 하아 기와자 좋네
[메] 오동추야 달은 밝고 임으야 생각이 절로난다
[받] 아하하 에요 아하하 하아아 하아 기와자 좋네
[메] 앞밭에는 꼬치심고 뒷밭에는 마늘심어 마늘꼬치 맵단불로 씨누야 같이도 매울소냐
[받] 아하하 에요 아하하 하아아 하아 기와자 좋네
[메] 보리 까실이 꼿꼿한들 씨압씨 같이 꼿꼿할까
[받] 아하하 에요 아하하 하아아 하아 기와자 좋네
[메] 모조밥이 깔깔한들 씨엄씨 같이도 까랄손가
[받] 아하하 에요 아하하 하아아 하아 기와자 좋네
[메] 호박너물이 능클 한들 동새야 같이도 우멍할까
[받] 아하하 에요 아하하 하아아 하아 기와자 좋네
[메] 성님에는 성꽃피고 재넘에는 재꽃피어 우리동네 총각들은 장개꽃이 만발했네
[받] 아하하 에요 아하하 하아아 하아 기와자 좋네
[메] 오동추야 달은 밝고 임의 생각이 절로난다
[받] 아하하 에요 아하하 하아아 하아 기와자 좋네

〈도리깨질할 대형으로 만들면서〉

[메기는소리] 아하 훨아 허허 훨이 하이요

[받는소리] 아하 훨아 허허 훨이 하이요

[메] 아하 훨아 허허 훨이 하이요

[받] 아하 훨아 허허 훨이 하이요

[메] 아하 훨아 허허 훨이 하이요

[받] 아하 훨아 허허 훨이 하이요

[메] 아하 훨아 허허 훨이 하이요

[받] 아하 훨아 허허 훨이 하이요

〈셋째마당 도리깨질(보리를 수확하면서 부르는 소리)〉

[메] 아하 훨아 허허 훨이 하이요

[받] 아하 훨아 허허 훨이 하이요

[메] 늘보린가 쌀보린가 늑실늑실 때려보세

[받] 아하 훨아 허허 훨이 하이요

[메] 여그도 땔고 저그도 땔고 고루고루 때려보세

[메] 오동추야 달은 밝고 임오 생각 절로난다

[받] 아하 훨아 허허 훨이 하이요

[메] 산아 산아 옥매산아 비가 오면 방죽산아

[받] 아하 훨아 허허 훨이 하이요

[메] 산아 산아 백두산아 눈이 오면 흔득산아

[받] 아하 훨아 허허 훨이 하이요

[메] 오동추야 달은 밝고 임오 생각 절로난다

[받] 아하 훨아 허허 훨이 하이요

[메] 달떠온다 달떠온다 각성방에 달떠온다

[받] 아하 훨아 허허 훨이 하이요

[메]　　각성님은 어딜가고 저달 뜬줄 모르는가

[받]　　아하 훨아 허허 훨이 하이요

[메]　　우리님은 어딜가고 저달 뜬줄 모르시오

[받]　　아하 훨아 허허 훨이 하이요

[메]　　오동추야 달은 밝고 임오 생각 절로난다

[받]　　아하 훨아 허허 훨이 하이요

[메]　　아하 훨아 허허 훨이 하이요

[받]　　아하 훨아 허허 훨이 하이요

[메]　　아하 훨아 허허 훨이 하이요

[받]　　아하 훨아 허허 훨이 하이요

[메]　　아하 훨아 허허 훨이 하이요

[받]　　아하 훨아 허허 훨이 하이요

〈넷째마당 방애타령〉

[메기는소리]　에양에양 에헤야 어어 이것이 방아로고나

나지나아 아하 나이나이나이 나나이 나아 노다지 방아로고~나

[받는소리]　에양에양 에헤야 어어 이것이 방아로고나

나지나아 아하 나이나이나이 나나이 나아 노다지 방아로고~나

[메]　　노들강변에 비둘기 한 쌍이 물콩 하나를 물어다가

암놈은 물어 숫놈 주고 숫놈은 물어서 암놈주고

[받]　　에양에양 에헤야 어어 이것이 방아로고나

나지나아 아하 나이나이나이 나나이 나아 노다지 방아로고~나

[메]　　암놈숫놈 어우는 소리 청청 과부가 지둥을 잡고서 도~온다

[받]　　에양에양 에헤야 어어 이것이 방아로고나

나지나아 아하 나이나이나이 나나이 나아 노다지 방아로고~나

[메]　　또랑 또랑 놉새또랑 여자복송을 심었더니

가지는 뻗어서 이방이요 뿌리는 뻗어서 성장이라

[받] 에양에양 에헤야 어어 이것이 방아로고나

나지나아 아하 나이나이나이 나나이 나아 노다지 방아로고~나

[메] 머물었다 피는 꽃은 방실방실 웃는 것이 기생에 태도로고~나

[받] 에양에양 에헤야 어어 이것이 방아로고나

나지나아 아하 나이나이나이 나나이 나아 노다지 방아로고~나

[메] 못할래라 못할래라 기생에 노릇을 못할래라

원수여리 북장고 소리에 기생에 노릇을 못할래라

[받] 에양에양 에헤야 어어 이것이 방아로고나

나지나아 아하 나이나이나이 나나이 나아 노다지 방아로고~나

[메] 에양에양 에헤야 어어 이것이 방아로고나

나지나아 아하 나이나이나이 나나이 나아 노다지 방아로고~나

[받] 에양에양 에헤야 어어 이것이 방아로고나

나지나아 아하 나이나이나이 나나이 나아 노다지 방아로고~나

〈다섯째마당 둥덩에타령〉

[메기는소리] 둥덩에-덩 둥덩에-당 덩기 둥덩에 둥덩에-덩

[받는소리] 둥덩에-덩 둥덩에-당 덩기 둥덩에 둥덩에-덩

[메] 하늘에다 베틀놓고 구름잡어 잉애걸고 참나무에 보두집에 비자나무 북에다가

얼그당절그장 짜느나 베는 언제나 다짜고 친정에 갈까

[받] 둥덩에-덩 둥덩에-당 덩기 둥덩에 둥덩에-덩

[메] 가-간다 나는 가 가-간다 나는 가

정칠놈 따라서 내돌아간다 덩기-둥덩에 둥덩에덩

[받] 둥덩에-덩 둥덩에-당 덩기 둥덩에 둥덩에-덩

[메] 사-산골짝 비둘기 사-산골짝비둘기

삼천만 잡고서 왜뱅뱅돈다 덩기-둥덩에 둥덩에-덩

[받] 둥덩에-덩 둥덩에-당 덩기 둥덩에 둥덩에-덩

[메] 둥덩에 샘으로 물질러갔다 통꼭지장단에 어깨춤친다 덩기-둥덩에

둥덩에-덩 둥 덩에덩에 둥 덩에덩에 덩기 둥덩에 둥덩에덩

[받] 둥덩에-덩 둥덩에-당 덩기 둥덩에 둥덩에-덩

[메] 이십년차 기리던 님을 꿈에 잠깐 보이길래

만단정회만 할랬더니 아사리 캉캉 개소리에 깜짝놀라 일어나니

임은 간곳 전이없고 쌍잔에 촛불만 간들어진다 덩기 둥덩에 둥덩에덩

[받] 둥덩에-덩 둥덩에-당 덩기 둥덩에 둥덩에-덩

[메] 연아 연아 진두연아 진두하고 몬들연아

한삼모시 석자시치 오른손에 감아쥐고

녹진아 나루를 건너를 갈제 어느나 친구가 날찾아 올까 덩기 둥덩에 둥덩에 덩

[받] 둥덩에-덩 둥덩에-당 덩기 둥덩에 둥덩에-덩

[메] 야양도 강에는 나 나룻배 떳는데

내 술잔 간데는 지와만 떴다 덩기 둥덩에 둥덩에 덩

[받] 둥덩에-덩 둥덩에-당 덩기 둥덩에 둥덩에-덩

〈여섯째마당 길꼬내기(돌아가면서 부르는 노래)〉

[메기는소리] 에-헤 헤-야 아-얼마 좀도좋다 얼시구 야이야 기와자 내사랑 가노라

[받는소리] 에-헤 헤-야 아-얼마 좀도좋다 얼시구 야이야 기와자 내사랑 가노라

[메] 간다 못간다 어-얼마나 울어 정거장 마당이 에로아 한강수 되노라

[받] 에-헤 헤-야 아-얼마 좀도좋다 얼시구 야이야 기와자 내사랑 가노라

[메] 널보고 나를 봐 내가 널 따라 살겄냐 눈에 안뷘 정으로 에로아 너 따라 사노라

[받] 에-헤 헤-야 아-얼마 좀도좋다 얼시구 야이야 기와자 내사랑 가노라

[메] 서산에 지는 해 지고 싶어서 지느냐 날 버리고 가신 님 가고야 싶어 가느냐

[받] 에-헤 헤-야 아-얼마 좀도좋다 얼시구 야이야 기와자 내사랑 가노라

[메] 오다가 가다가 만나는 님은 손목이 끊어져도 에루아 내사 못노리

[받] 에-헤 헤-야 아-얼마 좀도좋다 얼시구 야이야 기와자 내사랑 가노라

[메] 사람이 살며는 몇 백년 사느냐 죽음에 들어서 남녀 노소가 없단다

[받] 에-헤 헤-야 아-얼마 좀도좋다 얼시구 야이야 기와자 내사랑 가노라

3. 2003년 김혜정 녹음자료

- ○ 이인자 선생의 예능보유자 심사 과정에서 녹음한 자료
- ○ 녹음날자 : 2003년 9월 8일
- ○ 녹음장소 : 문내면 면사무소 회의실
- ○ 메기는소리 : 이인자, 받는소리 : 박양애 외

해남 부녀농요

이인자, 박양애 2003. 09. 08

<길꼬내기-들에 나가면서 부르는 소리>

29
이 리 ___ 굼 실 ___ 저 ___ 리 ___ 굼 실 얼 싸 술한잔감으로허허허 논 ___ 다
34
세 월 아 ___ 네 월 ___ 아 오 고 가 지 를 허 허 어 말 어 ___ 라
38
꽃 같 ___ 은 ___ 내 청 ___ 춘 얼 싸 다 늙 어 허 허 어 간 ___ 다
12
8

<김매는소리>

♩. ≒ 53
<메기는 소리>
42
12
8
아 아 하 ___ 헤 ___ 에 ___ 요 아 아 아 아 아 하 아 하 ___
44
<받는 소리>
지 ___ 화 ___ 자 ___ 좋 ___ 네 아 아 하 ___ 헤 ___ 에 요
46
아 하 아 ___ 하 ___ 아 아 ___ 아 하 ___ 지 ___ 화 ___ 자 ___ 좋 ___ 네
48
저 — 건 — — — 너 묵 은 밭 에 ___ 쟁 ___ 기 없 어 서 묵 었 는 가 ___
50
임 자 가 없 어 서 묵 었 는 가 잘 ___ 된 데 는 ___ 차 조 갈 고 ___

52
못 된 데 는 모 조 갈 아 머 리 머 리 동 부 심 어
54
돔 부 따 는 저 처 자 야 앞 돌 라 앞 매 보 자
56
뒷 돌 라 뒷 매 보 자 앞 매 뒷 매 곱 다 만 은
58
니 머 리끝 에 디 린 댕 기 공 단 이 냐 비 단 이 냐
60
공 단 이 면 은 뭣 을 하 고 비 단 이 면 은 뭣 을 할 래
62
앞 밭 에 는 고 추 심 고 뒷 밭 에 는 마 늘 심 어
64
마 늘 고 추 맵 다 불 로 시 누 야 같 이 로 매 울 손 가
66
보 리 각 실 이 꼿 꼿 한 들 시 압 씨 같 이 도 꼿 꼿 할 까

68
모 ___ 조 밥 이 ___ 깔 깔 한 들 ___ 시 엄 씨 같 이 로 깔 깔 _ 할 까
70
호 ___ 박 노 물 이 뜽 클 한 들 ___ 동 생 ___ 같 이 로 우 멍 _ 할 까
72
석 ___ 넘 에 는 ___ 석 꽃 피 고 ___ 재 ___ 넘 에 ___ 는 재 꽃 피 어 ___
74
우 리 동 네 총 ___ 각 들 ___ 이 장 ___ 가 꽃 이 만 발 _ 했 네

<도리깨질소리>

♩. ≒ 55
<메기는 소리>
<받는 소리>
76
아 하 아 아 워 라 워 ___ 허 리 와 ___ 요 아 하 아 아 워 라 워 ___ 허 리 와 ___ 요
78
아 하 아 아 워 라 워 ___ 허 리 와 ___ 요 아 하 아 아 워 라 워 ___ 허 리 와 ___ 요
80
늘 ___ 보 ___ 린 ___ 가 ___ 쌀 보 ___ 린 ___ 가 늑 실 늑 ___ 실 ___ 때 려 ___ 주 소

82
여 그 도__ 떨 고__ 저 그 도__ 떨__ 고 고 루 고__ 루__ 때 려__ 주 소
84
넘__ 어__ 간 다__ 넘 어____ 간__ 다 돌 게 꼭 지__ 넘 어__ 간 다
86
산__ 아__ 산 아__ 옥 메__ 산__ 아 비 가 오__ 면__ 방 죽__ 산 아
88
산__ 아__ 산 아__ 백 두__ 산__ 아 눈 이 오__ 면__ 언 덕__ 산 아
90
오__ 동__ 추 야__ 달 은____ 밝__ 고 임 의 생__ 각__ 절 로__ 난 다
92
달__ 떠__ 온__ 다__ 달 떠__ 온__ 다 각 성 방__ 에__ 달 떠__ 온 다
94
각__ 성__ 님 은__ 어 딜____ 가__ 고 저 달 뜬__ 줄__ 모 르__ 시 오
96
우__ 리__ 님 은__ 어 딜____ 가__ 고 저 달 뜬__ 줄__ 모 르__ 시 오

98
아 하 아 아 워 라 워 허 리 와 요
99
이 보 리 를 어 서 쳐 서 나 라 보 양 허 여 보 세
101
아 하 아 아 워 라 워 허 리 와 요

<방애타령>

♩. ≒ 63
102
<메기는 소리>
에 야 에 양 에 양 어 허 어 이 것 이 방 아 로 구 나
104
나 니 나 아 아 하 나 나 나 이 나 나 이 나 하
106
노 다 지 방 아 로 구 나
<받는 소리>
에 야 에 양 에 양
108
어 허 어 이 것 이 방 아 로 구 나 나 니 나 아 아 하

110
나 나 나 이 나 나 이 나 하___ 노 다 지 방 아 로 구_______ 나
112
<메기는 소리>
노 자 강 변 에 비 둘 기 — 한 쌍 이 물 — 콩 하 나 를 물 어 — 다 가
114
암 놈 은 물 어 — 숫 놈 — 주 고 — 숫 놈 은 물 어 서 암 놈 주 고
116
<메기는 소리>
암 놈 숫 놈 — 어 우 른 소 리 — 청 — 천 — — 과 — 부 가
118
<메기는 소리>
지 둥 을 잡 고 서 논 — — 다 또 랑 또 랑 — 녹 색 — 또 랑 —
120
여 — 자 복 송 을 심 었 더 니 가 지 는 뻗 어 서 이 — 방 이 요 —
122
<메기는 소리>
뿌 리 는 뻗 어 서 성 장 — 이 라 오 무 렸 다 — 피 는 — 꽃 은 —
124
방 — 실 방 실 웃 는 것 이 기 생 의 태 도 로 구 — — 나

126
<메기는 소리>
못 할 래 라 ─ 못 할 ─ 래 라 ─ 기 생 의 노 릇을 못 할 래 라
128
원 수 여 리 ─ 북 장 구 ─ 소 리 ─ 기 생 의 노 릇을 못 할 래 라

<둥덩에타령>

♩. ≒ 60
130
<메기는 소리>
둥 덩 애 덩___ 둥 덩 애 덩___ 덩__ 기 둥_덩 애 둥 덩 애 덩
132
<받는 소리>
둥 덩 애 덩___ 둥 덩 애 덩___ 덩__ 기 둥 덩 애 둥 덩 애 덩
134
가 간 다 나__ 는__ 가 가 간__ 다 나 는__ 가
136
정 든 임 따 라 서 내 돌 아 간 다__ 덩___ 기 둥 덩 애 둥 덩 애 덩
138
하 늘 에 다__ 베 틀__ 놓 고 구 름___ 잡 아 잉 어 걸 고
140
치 자 나 무__ 북 에___ 다 가 참_나__ 무 에 버 드 집 에

142
얼 끄 당 절 끄 당 짜 느 나 베 는 언 제 나 다 짜 고 친 정 에 갈 까
144
덩 기 둥 덩 애 둥 덩 애 덩 요 거 요 거 효 자 나 무
146
백 년 새 가 앉 아 울 어 저 기 가 는 저 까 치 야
148
백 년 새 좀 날 려 주 라 내 가 날 켜 날 라 를 갈 까
150
지 가 절 로 날 라 를 가 지 덩 기 둥 덩 애 둥 덩 애 덩
152
연 아 연 아 친 둔 연 아 친 두 하 고 문 들 연 아
154
한 삼 모 시 석 자 세 치 오 른 손 에 감 아 쥐 고
156
녹 진 한 나 루 를 건 너 를 갈 제 어 ㄴ 날 친 구 가 날 찾 아 올 까

158
덩 ___ 기 둥 덩 애 둥 덩 애 덩 사 산 골 짝 비 _ 둘 기 ___
160
사 산 골 짝 비 둘 ___ 기 산 천 만 잡 고 서 배 뱅 뱅 돈 다 ___
162
덩 ___ 기 둥 덩 기 둥 덩 기 덩 외 외 강 목 — 솜 보 신
164
외 외 강 목 _ 솜 보 신 신 을 지 모 르 면 신 지 를 말 제
166
신 었 다 벗 었 다 부 싯 집 맨 든 다 덩 ___ 기 둥 덩 애 둥 덩 애 덩
168
내 려 온 다 내 _ 려 _ 온 다 유 ___ 윤 선 이 내 려 온 다
170
에 고 동 들 고 _ 쌍 고 동 들 고 ___ 거 들 _ 기 리 고 _ 내 려 온 다
172
야 양 ___ 도 _ 강 — 에 는 ___ 나 나 룻 배 — 떳 는 ___ 데

174
내 술 잔 간 데 는 지 하 만 떴 다 덩 기 둥 덩 애 둥 덩 애 덩
176
삼 월 삼 짇 날 녹 두 밭 에 파 랑 새 가 앉 아 울 어
178
저 기 가 는 저 각 시 야 녹 두 밭 에 앉 인 새 를
180
지 가 절 로 날 러 가 세 이 십 년 째 기 던 님 을
182
꿈 에 잠 깐 보 이 길 래 말 두 정 에 만 할 랬 더 니
184
아 사 리 깡 깡 개 소 리 에 깜 짝 놀 라 일 어 나 니
186
임 은 간 곳 천 이 나 없 고 등 잔 에 촛 불 만 간 드 라 진 다
188
덩 기 둥 덩 애 둥 덩 애 덩 시 압 시 술 값 은 홀 닷 냥

<길꼬내기-들어가면서 부르는 소리>

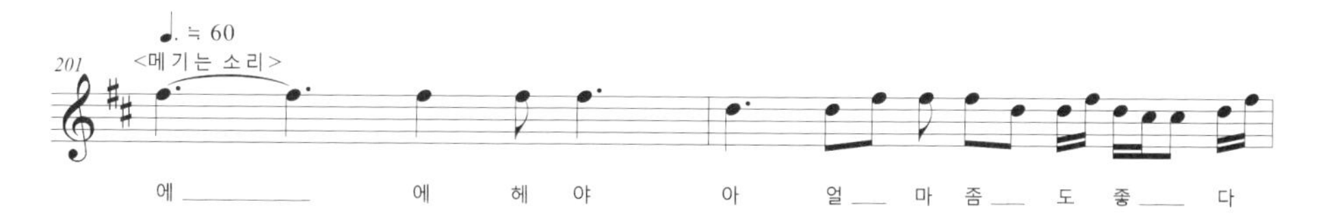

203
얼 씨 구 야 야 지 화 자 내 사 랑 가 노 라
<받는 소리>
205
에 에 헤 야 아 얼 마 좀 도 좋 다
207
얼 씨 구 야 야 지 화 자 내 사 랑 가 노 라
209
간 다 못 간 다 얼 마 나 울 어
211
정 거 장 마 당 에 에 로 한 강 수 되 노 라
213
오 다 가 가 다 가 만 만 나 는 님 은
215
손 목 이 끊 어 져 도 에 로 와 내 사 못 놓 으 리
217
널 보 고 나 를 봐 내 가 널 따 라 살 거 냐

219
눈 에 밴 정 으 로 에 로 와 널 따 라 사 노 라
221
사 람 이 살 면 은 몇 몇 백 년 사 느 냐
223
죽 음 에 들 어 서 에 로 와 노 소 가 없 단 다
225
서 산 에 지 는 해 지 고 싶 어 서 지 느 냐
227
날 버 리 고 가 신 님 가 고 야 싶 어 서 가 느 냐
229
세 월 아 세 월 아 오 고 가 지 를 말 어 라
231
아 까 운 벗 님 네 들 에 로 와 다 늙 어 가 노 라

참고문헌

김애경·김혜정 외, 『음악』 4학년, 천재교육, 2018.

김영운, 「한국 민요선법의 특징」, 『한국음악연구』제28집, 한국국악학회, 2000.

김혜정, 「둥당애타령의 음악적 구조와 기능」, 『한국민요학』 6집, 한국민요학회, 1999.

김혜정, 「민요에 있어서 새로운 음악의 수용과 변용」, 『한국음악연구』 제29집, 한국국악학회, 2001.

김혜정, 『여성민요의 존재양상과 전승원리』, 2005.

김혜정, 「진도들노래의 음악적 변화와 지향」, 『국악원논문집』 21집, 국립국악원, 2010.

김혜정, 『민요의 채보와 해석』, 민속원, 2013.

김혜정 외, 「장산도민요」, 신안군, 2018.

문화방송, 「한국민요대전-전라남도」, 문화방송, 1993.

박세나, 「조선시대 전라우수영연구」, 목포대학교 대학원 석사논문, 2010.

백대웅, 「민속음악의 선법적 양상」, 『한국전통음악의 선율구조』, 대광문화사, 1982.

이경엽, 「남사당노래의 전승과 민속의 창조적 수용」, 『민속학연구』 제8집, 국립민속박물관, 2001.

이경엽, 「도서지역의 민속연희와 남사당노래 연구」, 『한국민속학』 33, 한국민속학회, 2001.

이경엽, 『상례놀이의 문화사』, 민속원, 2017.

이경엽·변남주·김혜정, 『해남우수영들소리』, 민속원, 2018.

지춘상, 『전남의 민요』, 전라남도, 1987.

〈음원자료〉

1980년대 추정 동영상자료

1986년 지춘상 녹음자료

2003년 김혜정 녹음자료

한국민요대관(http://yoksa.aks.ac.kr/jsp/um/Directory.jsp?gb=1)